JN058452

種明かししない柳田国男

日本民俗学のために

福田アジオ

吉川弘文館

目次

II 柳田国男の研究構想

Ⅲ　柳田国男の研究成果と問題点

I　柳田国男論と柳田国男研究

一　柳田国男研究の展開と課題

1　柳田国男との二つの関係

日本における民俗学の開拓者である柳田国男の膨大な量の著作物を熱心に読んできた人々がいる。一九六〇年代前半に『定本柳田国男集』全三一巻・別巻五（筑摩書房）が刊行されて以降にも、それとは別に著作集が刊行され、文庫版で柳田国男全集と銘打つものまで出され、また各種の文庫版に多くの単行本が収録され、さらに現在決定版といわれる『柳田国男全集』全三六巻（筑摩書房）が刊行を終えつつある。繰り返し出版される柳田国男の著作集は、日本各地に柳田国男の著作を手元に置こうとする人々、著述全体を読みたいと思う人々が大勢いることを示している。読書人として、言い換えれば教養として柳田国男の著作を座右において読んでいる人も少なくないであろう。しかし、それだけでなく、柳田国男に関わる専門家も多いということを示すものでもあろう。すなわち柳田の著作を読む研究者も多いのである。その研究者は、柳田国男の読み方において次の二つに分けられるように思える。すなわち、柳田国男論的読み方と民俗学的読み方である。

柳田国男論　柳田国男の思想・認識を検討することを課題として、柳田国男の著作物を読み、考える立場を柳田国男論的読み方としておく。この立場は、主として柳田国男を思想家として理解し、その思想を理解するために読むものである。この場合、柳田国男が日本列島各地の民俗事象を基礎に論じたことを前提としては了解し、そのことを含めて高く評価するが、実際の民俗事象と柳田国男の記述との関係についてはほとんど関心を示さない。提出されている主張や仮説から思想を読み取り、評価する。

柳田国男が民俗事象を正確に把握し、適切に処理して、自己の立論の基礎に置いているかどうかは検討されない。この立場から書かれた評論や議論は、柳田国男の記述を実際の民俗事象との関連で検証することはほとんどない。柳田国男が記述した民俗に関わる内容は疑うこともなく実証済みのこと、あるいは実際の民俗事象ととらえる。個別具体的な民俗事象まで達することはせず、記述された民俗を疑うことなく前提にして、そこに表出した思想を把握し、評価することが柳田国男論的読み方である。

柳田国男論の人々は、柳田国男が民俗学を開拓したことを高く評価するが、どこまで行っても評価であり、自らが柳田国男の築いた民俗学の世界に入ることはない。柳田国男論的読み方は、民俗学の外にあって、柳田国男へ高い評価を与えるが、柳田国男の民俗学を継承したはずの実際の民俗学に対しては、その意義を低く見る傾向が顕著であると言える。

柳田国男研究　柳田国男から民俗学を学ぶという立場で、柳田国男の著作を読み、考え、さらに民俗事象との関係で検討する立場を柳田国男研究としておく。この立場はまず、柳田国男の著述から民俗事象についての解釈・解説・仮説を学び取ろうとする。その場合、柳田国男論的読み方と同様に、柳田国男が提示した民俗事象については疑うことなく、またその提示した解釈や仮説を確定した解答であると考えてしまう傾向が強い。それは二〇世紀末までの民俗学の傾向であった。

民俗学研究者のなかで、柳田国男を疑い、柳田国男の解釈や仮説を批判的に検討し、別の解釈や仮説を提示することはほとんど行われてこなかった。そして、柳田国男の提出した民俗が、柳田国男の判断によって選択されたものであること、また仮説が柳田国男によって組み立てられたものであり、柳田国男固有のものであることが忘れられがちであった。資料自身に語らせると言いながら、実際には自己の思想・認識を基礎に、仮説として組み立てられたものであることに注意が向かわなかった。すなわち、柳田国男の思想・認識が具体的な民俗の研究の内容に密接に関連していることを無視してきたと言える。

したがって、柳田国男の著作を読みながら、柳田国男を論じることはなかった。柳田国男論は、民俗学の外で議論されることであり、民俗学とは無縁なことと判断している民俗学研究者が多いように思われる。民俗学研究者で、柳田国男の思想や認識にも関連させて民俗についての仮説や主張を検討してきた人は少ない。表題の柳田国男研究と言えば、柳田国男論的研究であり、民俗学的研究はほとんど登場しない。

2　柳田国男論の四段階

柳田国男の著作は読書人の読書対象としてのみ存在するのではない。彼の研究成果を検討したり、彼の思想や認識を論じることが盛んに行われ、そのために柳田国男の著作を読むことが行われてきた。ただし、それは柳田国男の著作の登場と共に行われたことではない。柳田国男の著作を読み、柳田国男を論じることは、社会の状況と大きく関わって特定の段階に登場した。現在では毎年のように柳田国男に関する著作物が出され、恒常的ブームと言っても良いかもしれない。恒常的ということは、柳田国男を研究し、評価することに強い緊張感がないことを示している。言葉は激しく、内容は強烈であっても、あくまでも学問評価のレベルでの問題であり、社会批判、社会変革への情熱はそこには見られない。実践と柳田国男研究は切り離されている。

しかし、柳田国男が注目され、研究対象として多くの人々を惹きつけたのは、柳田国男から学ぶことによって日本の変革を目指す方策を考えることができると判断したからである。それは早くは一九三〇年代の転向に見られたが、本格的には一九六〇年代に浮かび上がってきたことである。もちろん、柳田国男論の先駆的研究として、一九五〇年代の家永三郎の「柳田史学論」(『現代史学批判』和光社、一九五三年)があるが、一つの潮流として柳田国男論が展開することはなかった。

やや単純化しすぎる嫌いがあるが、柳田国男論は一九六〇年代以降一〇年ごとに様相を変化しつつブームを形成してきたように見受けられる。そして今日では恐らく二〇〇冊を超える書名に柳田国男を冠した単行本や雑誌特集号が出されているのである。日本人でこれほどまで多く論じられた人物はいないであろう。しかもその数は毎年増えている。

六〇年安保闘争と柳田国男論　大都市中心に展開した一九六〇年の安保闘争が挫折し、安保条約が成立した後、帰郷運動が提唱され、郷里に帰って草の根からの変革を追求することが考えられた。それと対応する学習活動とも言うべきもののなかに、柳田国男の著作を読み、柳田国男から学ぶことがあった。欧米理論で日本の変革を考えることでは成功しない。日本の社会を内在的に把握し、理解することが不可欠であり、そのためには日本社会を民衆レベルで理解し、把握した柳田国男に学ぶことの重要性が叫ばれた。それは戦前の転向の論理と基本的には同じものであった。若い世代の人々が柳田国男の著書を読むようになった。

この期の柳田国男論を代表するのが後藤総一郎である。後藤は一九六四年に「柳田国男論—柳田学の思想と学問—」を『思想の科学』二二・二三・二五号に発表して登場し、その後立て続けに多くの柳田国男論を発表した。後藤は政治思想史を専攻していたが、六〇年安保の挫折から、日本社会を内在的に理解する必要を強く感じ、柳田国男を学ぶことになった。後藤の柳田への開眼には大学で教わった橋川文三の影響があった。橋川自身の柳田論は一九六二年に『共同研究転向』（思想の科学研究会編、平凡社）に「保守主義と転向」を書き、そして一九六四年に『20世紀を動かした人々』（講談社）の第一巻として「柳田国男」を発表していた。

柳田国男が注目されるようになり、柳田国男論が多く発表されるようになった。益田勝実「『炭焼日記』存疑」（『民話』一四～一七号、一九五九年）、同「柳田国男の思想」（『現代日本思想大系29　柳田国男』筑摩書房、一九六五年）、花田清輝「柳田国男について」（『近代の超克』未来社、一九五九年）、中村哲『柳田国男の思想』（法政大学出版局、一九六七年）などが柳田国男を論じ、柳田国男の思想を高く評価した。このように柳田国男が論じられるようになったのには柳田国男の全集とも言うべき『定本柳田国男集』（全三一巻・別巻五）が一九六二年から一九六四年にかけて刊行され、柳田の著作を容易に入手し、その全体像を把握できるようになったことが大きく影響している。また柳田国男が一九六二年八月に死去したことも重要な契機である。柳田の死去に伴い追悼の意味を込めた文章が多数発表された。そのなかで雑誌『論争』が一九六二年一〇月号で「特集・柳田国男の死」を組んだ。そこに掲載された山口昌男「柳田に弟子なし」は、柳田の門弟たちの不甲斐なさを指摘して注目された。

六八・六九年大学闘争および七〇年安保と柳田国男論　世界的に盛り上がりを見せた大学生の反体制的運動は、日本においては大学闘争、特に全共闘運動として展開し、七〇年安保改定問題とも重なり、大きな高揚を見せたが、やがて敗北した。この時期に再び日本社会の内在的理解を目指すために柳田国男に学ぶということが盛んに唱えられた。人々の身体奥深く刻み込まれた天皇制の呪縛を克服するためにも、日本社会の内在的理解が不可欠であり、そのためには柳田国男に学ばなければならないという論が出された。一九七〇年前後には新左翼系の雑誌もしばしば柳田国男を記述対象とした論文、評論を掲載し、さらに特集号を組んだ雑誌もあった。

七〇年代に入り、大学で研究をし、直接的には大学闘争に関わらなかった研究者がしばしば実践的・闘争的論者と一緒になって柳田国男を論じるようになった。たとえば、大学への幻滅から創り出された「寺小屋」教室に若い人々が集まった。江戸時代の私塾に学んで新しい学習の場を自らの力で作り上げようとしたのが「寺小屋」であった。そこで取り上げられた課題の主要な一つが柳田国男であり、そこでの検討が柳田国男論としての展開の基礎を作っていった。その講師に宮田登や野口武徳などというアカデミック研究者が、後藤総一郎と共に関係したことが、それを示している。谷川健一、伊藤幹治、後藤総一郎、宮田登を編集委員とする『季刊柳田国男研究』もその動向のなかで出された（一九七三〜七五年）。毎号特集号形式をとり、柳田国男について多角的に論じる舞台となった。また一九七一年に創刊された『伝統と現代』がしばしば柳田国男に関連する特集を組んだ。寺小屋の柳田国男研究に集まった人々が、その後さらに自立して柳田国男研究会を組織して、研究を進めた。中心的指導者は後藤総一郎であった。若い人々が柳田国男に関心を抱き、柳田国男に学ぼうとし、大きなブームとなった。それには当時若者に人気のあった吉本隆明の『共同幻想論』（河出書房新社、一九六八年）の影響が大きかった。国家論を『古事記』と『遠野物語』に依拠して論じ、柳田国男を身近な存在にした。

柳田国男への関心が高まるなかで、それまでの代表的な柳田国男論を収録した伊藤幹治編『柳田国男』（『現代のエスプリ』五七、一九七二年）、後藤総一郎編『人と思想 柳田国男』（三一書房、一九七二年）、神島二郎編『柳田国男研究』（筑摩書房、一九七三年）が出された。また、宮田登の編集で『柳田国男』（日本文学研究資料叢書、有精堂出版、一九七六年）が出され、これも柳田国男論を再録するものであったが、幅広く多様な論考を収録していた。柳田国男の著作が『定本柳田国男集』として全体像を示し、これらの柳田国男論の再録がいくつも出されることで、柳田国男の思想や方法の検討が容易になり、柳田国男ブームにさらに拍車をかけた。

柳田国男を高く評価し、褒めたたえる論調の続くなかで、冷静に柳田国男を検討したのが有泉貞夫「柳田国男考」（『展望』一六二号、一九七二年）であった。差別の問題を切り捨てたところに日本の民俗学は成立したのであり、それは差別を内包していた祖先崇拝から差別の問題を取り去り、祖先崇拝＝家永続の願いを天皇制の基盤に置こうとしたものであったという論である。すぐには影響が現れたとは言えないが、今日まで絶えず顧みられる論点を提示した。

八〇年代のアカデミック柳田国男論　一九八〇年代になっても、柳田国男を論じる著書論文は相変わらず次から次へと出され続けた。いずれも柳田国男の思想、認識を高く評価し、そこから学ぶべきことを主張したものばかりであった。しかし、七〇年代のような闘争の挫折から変革の方策を柳田国男に学ぶという使命感は急速に弱まった。より学術的なスタイルで柳田国男から学ぼうとする姿勢が顕著となった。たとえば、この期にも多くの柳田国男論が出された教育学などはその典型であろう。近代公教育の矛盾・問題性が顕在化してくるなかで、改めて柳田国男が唱えた群の教育・郷党教育を高く評価し、そこから学ぼうとする論調が底流としてあった。

かくして、八〇年代の柳田国男論はアカデミック研究者によって担われるようになった。その代表は日本経済史の岩本由輝である。岩本は米国留学中に図書館から『定本柳田国男集』を借りだして読んだことから柳田国男研究に入ったというエピソードがそれをよく示している。岩本は『柳田国男の農政学』（御茶の水書房、一九七六年）を一冊目として、七〇年代末から八〇年代には立て続けに柳田国男論を著した。また政治思想史の川田稔も『柳田国男の思想史的研究』（未来社、一九八五年）を出し、その後多くの柳田国男論を著した。

他方、七〇年代に大学闘争の挫折、あるいは全共闘への失望から、自立を目指して主体的に学ぶ人々が「野の学問」として柳田国男を研究することが一つの運動として次第に姿を明確にしてきた。特に後藤総一郎の活動によって多くの柳田国男研究者が生み出され、また後藤の努力によって各地に「常民大学」と名乗るサークルが組織され、学習から研究へと活動を発展させた。後藤総一郎が中心となって活動してきた柳田国男研究会が大部な『柳田国男伝』(三一書房、一九八八年)を世に問うたのはその代表である。

他方、その動向とは別に大学などで研究するアカデミック研究者の柳田国男論が増加する傾向にあった。彼らが柳田国男を研究する研究者の組織を作ることとなった。そのきっかけとなったのは、一九九四年の社会思想史学会において柳田国男を取り上げたシンポジウム「柳田国男の現代的意義」であった(『社会思想史研究』一九号、一九九五年)。このシンポジウムの報告者である藤井隆至、川田稔などが呼びかけ人になり、「柳田国男の会」が翌九五年に組織された。そこに集まった人々は基本的にはアカデミック柳田国男研究者であった。

九〇年代の批判の時代　今まで学ぶ対象であった柳田国男が、批判の対象となり、問題性が指摘されるようになったのが一九九〇年代といえる。柳田国男が明治国家の官僚であったことは誰でもが知っている。しかしそのことと彼の民俗学研究との関係や彼の思想との関係について十分に考慮することなく、柳田国男の思想や認識が論じられてきた。それに対して、官僚柳田国男について検討し、明治国家の政策に深くコミットしていた柳田を実証的に明らかにした船木裕『柳田国男外伝』(日本エディタースクール出版部、一九九一年)が、柳田国男研究の新たな段階の幕開けとなった。船木の見通しによれば、柳田国男の民俗学は「『常民』概念による『天皇制』の合理化」を目指したものであったという。続いて、柳田国男の民俗学は植民地支配のための政策研究であったとする村井紀『南島イデオロギーの発生』(福武書店、一九九二年)が登場し、大きな話題となった。これに続き、植民地主義との関連で柳田を論じたのは川村湊『大東亜民俗学の虚実』(講談社、一九九六年)であった。

九〇年代は柳田国男の問題性を論じることが基本となった。その集中砲火は柳田国男の一国民俗学に浴びせられた。一国民俗学批判としての柳田国男論が一つの潮流となった。その代表は子安宣邦「一国民俗学の成立」(岩波講座『現代思想』一巻、一九九三年。後に『近代知のアルケオロジー』岩波書店、一九九六年)であった。

もちろん、九〇年代の柳田国男論がすべてそのような論調である訳ではない。まさにアカデミック柳田国男論とも言うべき、柳田国男の著作をテキストとしてさまざまな問題が論じられている。欧米理論で把握困難な情況に突き当たると、「苦しいときの柳田頼み」が出てきて、多くの柳田国男論が発表される。その代表的分野が、すでに指摘したように、教育学である。教育学者は早くから柳田国男の「群の教育」や「郷党教育」に注目していたが、近代公教育の矛盾が顕在化する中で柳田教育論を取り上げ、そこから学ぼうとする論が増大した。

3　民俗学における柳田国男研究

民俗学では柳田国男を久しく絶対視してきた。柳田国男の書いた文章は、定説・通説となり、柳田が当時の段階で獲得した資料を基礎に自らが築いた仮説であるという考え方が採用されることはほとんどなかった。民俗学研究においては、多くの研究は、柳田の見解にそって事例を集め、柳田の主張を裏付けるか、逆に柳田の説を当てはめて解説することであった。柳田国男について論じた民俗学研究者の論文も多くが解説の域を出なかった。民俗学の研究者組織である日本民俗学会の機関誌『日本民俗学』に柳田国男を論じた論文が掲載されることはなかった。

柳田国男論が盛んになり、柳田国男ブームと言われる状況が一九七〇年代を中心に現出したことに対応して、民俗学研究者も柳田国男を対象にした文章を発表するようになった。最も早く世に問うたのは牧田茂『柳田国男』（中央公論社、一九七二年）である。柳田国男の伝記的な記述による紹介で、柳田国男のことを「柳翁」と表記していることにその性格は示されている。また和歌森太郎『柳田国男と歴史学』（日本放送出版協会、一九七五年）は柳田国男を歴史研究者と位置付け、その明らかにする歴史は現在学という性格を持っていたとした。

民俗学研究者で最初に柳田国男論に深く関わったのは恐らく宮田登であろう。宮田登は民俗学を狭い世界に閉じこめずに、さまざまな学問との協業・連携を目指して活動したが、そのなかで柳田国男論の人々との交流や協働が行われた。一九七〇年代の寺子屋の活動にも後藤総一郎と共に関わり、さらに『季刊柳田国男研究』の共同編集人となった。毎号巻頭に掲載された柳田国男についての特定の問題を論じる座談会に出席した宮田登は、民俗学の立場を基礎に柳田国男について発言をした。しかし、宮田には独立した柳田国男論の論文はほとんどない。宮田の個別研究は柳田の仮説を継承する面をもっていたが、柳田が研究に込めた現実社会への警鐘は引き継がなかった。宮田の主著『ミロク信仰の研究』（未来社、一九七〇年）は、柳田の『海上の道』で示された諸仮説を発展させたものであったが、沖縄の位置付けに触れることも、また日本列島の移住史に関連させることもなかった。その先に柳田が用意した日本「本土」が沖縄を見捨てることに対する警鐘を鳴らそうとする危機意識には全く言及しなかった。むしろ、柳田国男の仮説を柳田の危機意識や使命感から解放して、自らの論理のなかに取り込み発展させようとした。そして、幅広い視野から、日本社会の喉元に刺さった天皇制を解き明かそうとした。宮田は多くの機会に、民俗学の外に向かって柳田の解説者としての役割を果たしつつ、研究では柳田の呪縛から自由になって新しい研究方向を打ち出し、関連諸科学と伍して幅広く活動した。そのことにより諸科学も民俗学の成果を参照すべきものと認識するようになったと言える。

一九七〇年代の民俗学において大きな流れとなったのは、柳田国男が提唱し、その直系の門弟たちがほとんど疑うことなく継承してきた研究法を疑い、その問題点を検討することであった。柳田国男が『民間伝承論』（共立社、一九三四年）で重出立証法と名付けた方法、また『蝸牛考』（刀江書院、一九三〇年）で仮説として提示した周圏論が検討の俎上にのぼった。それは柳田国男の思想を全体的に論じるものではなかったが、基礎的な部分から疑うという点で柳田国男論であった。この重出立証法や周圏論に疑問を呈した最初は桜田勝徳であったが、それ自体を課題にして論を展開したのは福田アジオの一連の文であり、一九八四年に『日本民俗学方法序説』（弘文堂）にまとめられた。同じく重出立証法の問題点を指摘し、地域限定の重出立証法に組み替えようとした桜井徳太郎の「『歴史民俗学』の構想

—郷土における民俗像の史的復元—」（『信濃』二四巻八・九号、一九七二年）も出された。それより以前の一九六〇年代から事実上柳田国男のいう全国規模での比較を拒否し、鹿児島県内に限定して民俗の地域差をみて、地域限定の周圏論を提示した小野重朗の諸仮説もこの時点で大きな意味をもった（『農耕儀礼の研究』弘文堂、一九七〇年）。

このように、柳田国男の思想や危機意識、あるいは使命感を抜きにして、民俗事象の解釈の方法を中心とした資料操作法について検討するのが、民俗学における柳田国男研究だったと言える。そして、九〇年代以降の柳田国男論の厳しい柳田批判が登場しても、民俗学研究者はそれに関わることはほとんどしなかった。話題として登場するときは、たとえば日本民俗学会が柳田批判に対して反論すべきであるという提案として示され、むしろ柳田を守り、高く評価する傾向を強めたと言える。九〇年代以降の多くの論は、柳田国男は素晴らしく、立派であったのに対し、如何に今の民俗学や民俗学研究者が低いレベルに低迷しているかを批判するものであった。山折哲雄が「落日のなかの日本民俗学」（『フォークロア』七号、一九九五年）という衝撃的なタイトルの評論文を発表したのはその反映であった。

今世紀に入る前後から、柳田を取り上げる民俗学研究者は、柳田を深読みし、柳田の主張を現代にひきつけて、発表当時よりもはるかに難しく理解しようとする傾向が出てきた。そして、柳田国男の民俗学を歴史研究から引き離そうとする。その代表は岩本通弥で、「『民俗』を対象にするから民俗学なのか—なぜ民俗学は『近代』を扱えなくなってしまったのか—」（『日本民俗学』二一五号、一九九八年）以下多くの論考を発表した。それらは常に、柳田国男の民俗学を正しく理解し継承できず、民俗という言葉で囲い込み、歴史研究としての民俗学にしてしまった民俗学研究者を批判するものであった。あるいは室井康成は『柳田国男の民俗学構想』（森話社、二〇一〇年）で、柳田国男は民俗を肯定的な概念とせず、検証し克服するべき存在と把握し、民俗に拘束された常民ではなく、自立した個人を研究主体としたと主張し、柳田以降の牧歌的な民俗学を批判した。

このような動向に便乗して、柳田の無誤謬性を信じているかのような文章さえ登場し、柳田が提示した方法の問題点の検討もせずに、柳田の考えは正しかった、継承すべしとする文章も登場するに至った。その場合、柳田が抱いた危機意識と使命感は完全に忘れ去られている。これでは、現代において存在価値がある学問研究にはならないことは明白である。二〇世紀前半の半世紀を通して展開した柳田国男の理論を取り出し、彼の危機意識と使命感を現代に読み替え、彼の仮説や主張を批判的に検討し、二一世紀に生きる学問としての民俗学を構築することに向かわねばならないであろう。

柳田国男が『民間伝承論』で主張した一国民俗学から世界民俗学へという展望が、近年注目されてきている。一九九〇年代に柳田国男論において集中砲火を浴びた一国民俗学については、岩田重則「民俗学と近代」（『日本民俗学』二一五号、一九九八年）で、一国民俗学が排除してしまった問題を指摘して、ようやく民俗学として検討されるようになった。世界民俗学については言葉だけで、その具体的な内容について柳田は何も示さなかった。世界民俗学は柳田が次の世代に残した宿題であった。しかし、第二次大戦後に民俗学を担った世代は一国民俗学を当然のこととして、柳田が内容を指示しなかった世界民俗学については考えることがなかった。日本列島内において一国民俗学を超える努力と共に、世界民俗学の構想を検討し、その具体化の可能性を探る時期が来ている。日本列島の多文化状況はそれを促していることは間違いない。世界民俗学の可能性は、文化人類学の桑山敬己『ネイティヴの人類学と民俗学』（弘文堂、二〇〇八年）で始められ、その後民俗学の著作でも触れられることが次第に多くなってきた。

4　課　題

柳田国男の思想や認識を彼の著作を読み解いて検討することは何時になっても行われる価値がある。しかし、柳田国男論としては、最初に指摘した問題点を克服しなければならない。すなわち、柳田国男が自分の仮説の基礎に置いた民俗事象は、日本列島の民俗事象として正しく把握していたのか、またその資料操作は適切であったのかが検討されねばならない。仮にすばらしい主張であり、仮説であっても、その根拠となる民俗事象が裏付けの役割を果たしてくれないのであれば、柳田国男の主張はまさに砂上の楼閣にすぎない。その点では、柳田国男以降の民俗学の研究成果に謙虚に耳を傾け、そこから柳田学説の検証を進めなければならない。

逆に、民俗学は柳田国男を絶対視するのではなく、一人の研究者としての柳田国男と理解し、彼の方法や仮説を検証すると共に、柳田国男が一貫して持っていた危機意識や使命感を認識し、それを現代の課題として再構築することが求められるであろう。民俗学研究者が、柳田国男の思想や使命感に対して考察せず、すべて民俗を基礎に置いた客観的な研究成果だと考え、受け売りすることは、「民俗学の政治性」そのものとなろう。そして、柳田も時代の子であり、執筆当時の状況に大きく制約されていたことも十分に認識して理解しなければならない。使命感や危機意識が強烈であっただけ、時代に制約されていたのであり、民俗学上の仮説であっても、簡単に客観的な見解とか仮説とか言うことはできない。

柳田国男論であれ、民俗学の柳田国男研究であれ、柳田の著作から引き出すことができる内容は豊富であり、汲み尽くすことはない。しかし、明治の教育を受け、若き学生時代に文学青年であった柳田の文章は、論理的、明示的に展開されておらず、また明確に主張や仮説を結論として提示しているとは限らない。現代の人間にとって難解であり、その文意や主張を把握できたかどうか戸惑うことも多い。自己の考えや判断に都合の良い表現を見つけて抜き出して並べ、柳田の見解とすることでは、間違いの原因となる。柳田の文章全体の流れを論の展開として把握し、そこに隠された主張を析出する努力を重ねなければならないであろう。

柳田国男の著作は若い人々や外国の人々にとって難解であるという理由もあって、英語その他の言語に訳出されることが少ない。世界的に紹介された柳田の著作はわずかである。しかも柳田の主張を理解するためのキーワードは、一国民俗学という性格を反映して、日本独自の用語であり、他の言語と適切に対応させることが困難をおぼえる独特の言葉である。しかし、今後の柳田国男の検討は、日本の内部でのみ行うことではなく、世界的な関係のなかで進められなければならない。そのために、柳田国男の著作が日本語から他の言語に適切に翻訳され、多くの人々が読み、検討できる状況を作ることが必要である。世界各地の日本研究者の取り組みに大いに期待するところである。その点では、論文集R・A・モース／赤坂憲雄編『世界の中の柳田国男』(藤原書店、二〇一二年)などは大いに注目されてよいだろう。

二　日本の民俗学と常民

常民（じょうみん）という言葉は、来歴を詮索する人からは、中国の古典（漢籍）に登場すると言い、また日本語として古くからある表現だと言い、ある人は朝鮮時代の身分呼称としての常民に由来すると紹介している。常民という単語は古くから存在したことは間違いないが、日本において日常用語として用いられることはなかった。民俗学が常民の系譜や来歴を問うことは必要ない。常民は柳田国男が民俗学研究を形成する過程で作り出した用語なのである。

1　常民の登場と「山人の民俗学」

柳田が常民という言葉を最初に使用したのは予想外に早い。彼が民俗学の研究を開始するのとほぼ同時に常民という言葉も登場する。それは一九一一年の「『イタカ』及び『サンカ』」（『人類学雑誌』二七―六、八、二八―二）である。そこでは次のように常民が使用されている。

サンカの徒が普通人の零落して、偶々（たまたま）変形したる者に非ざる一証としては、彼等の間に完全なる統一と節制とあることを述べざるべからず。勿論（もちろん）常民の此仲間に混入したる者は少なからざらむも、此等一代サンカは決して勢力を得る能（あた）はざるのみならず、十分に既存の不文法に服従し去り、終（つい）に彼徒の慣習の一部分を変更し能はざるが如し（『定本柳田国男集』四巻、筑摩書房、一九六三年、四八二頁）

ここでは普通人と常民は同義語のように使用され、各地を漂泊移動するサンカと区別されている。サンカは常民ではない。ここで注意しなければならないのは、論文のテーマ、すなわち柳田の関心の対象は常民ではなく、常民と区別された人々であることである。このように初期の柳田の論文にも常民という用語を見つけることができる。しかし、どの論文においても常民はその論文の対象やテーマではない。

その常民の位置付けについては、「山人考」（一九一七年）の次のような説明が注目される。

> 自分の推測としては、上古史上の国津神（くにつかみ）が末二つに分れ、大半は里に下つて常民に混同し、残りは山に入り又は山に留まつて、山人（やまひと）と呼ばれたと見るのですが（後略）（『山の人生』一九二六年。『定本柳田国男集』四巻、一七七頁）

このように、里に住む常民と山にいる山人を区別した。そして、別の文章で「山人は此島国に昔繁栄して居た先住民の子孫である」（「山人外伝資料」一九一三年。『定本柳田国男集』四巻、四四九頁）と述べた。

常民はサンカ（籠（かご）・笊（ざる）・箕（み）などを製作し、また川漁に従事する人々）、マタギ（狩猟を生業とする人々）、木地屋（きじや）（轆轤（ろくろ）を用いて各種木器を生産する職人）、そして山人と区別される存在である。これらサンカ、マタギ、木地屋、山人の人々は山野に依拠して、一ヵ所に定住することなく、あちこちを移動することを生活の基本に据えており、生業としてはいずれも農業に頼らない非農耕民である。山野に依拠し漂泊移動する非農耕民が非常民である。したがって、それに対比される常民は平野に依拠し定住生活を送る農耕民であると言えよう。初期の柳田にとって、その常民は研究関心の対象ではなかった。初期柳田の民俗学は「山人の民俗学」であった。

2　確立期の常民と「常民の民俗学」

『定本柳田国男集』の全巻および未収録の著書も対象にして、常民の使用頻度を集計してみると、一九一〇年代の常民の使用はごくわずかであったが、一九二〇年代後半に入ると急激に増え、それは一九三四年にピークとなる。これは柳田における民俗学の確立期に対応する。一九三〇年代は、民俗学を全国からの資料の集積とその比較によって歴史を明らかにする学問として確定し、その資料の集積のための研究体制を作った時期である。ごく普通の生活を送る平野部の稲作農民の生活文化の歴史を明らかにするものとして確立した。その変化は、非常民から常民へと、研究対象の担い手が移ったことでもある。民俗学の研究対象を担う人々として常民は学問の中心に据えられることになった。

柳田は確立期の理論書『郷土生活の研究法』（刀江書院、一九三五年）において「村」を説明し、村の構成分子を三つに区分している。常民についての有名な説明はそこに登場する。村の構成分子は基本的に三つに分けることができるとし、次のように述べている。

一つは常民即ち極（ご）く普通の百姓で、これは次に言はうとする二つの者の中間にあつて、住民の大部分を占めてゐた。次は上の者即ちいゝ階級に属する所謂（いわゆる）名がある家で、その土地の草分けとか又は村のオモダチ（重立）と云はれる者、或はまたオホヤ（大家）・オヤカタ（親方）など、呼ばれてゐる階級で、これが江戸時代の半ばまでは村の中心勢力をなしてゐたのである。（中略）第三には下の者で、この階級に属する者は今でも可なり居るし、また居つた痕跡が残つてゐる。

これには普通の農民でなく、昔から諸職とか諸道などゝいつて、一括せられてゐた者が大部分を占めてゐた。(『郷土生活の研究法』二一五〜二一六頁)

ここで説明されている常民が柳田国男の確立期民俗学の理解と言ってよいであろう。常民とは村落社会に存在するすべての人をいうのではなく、「極く普通の百姓」という「住民の大部分」ではあるが、村のオモダチ層は除かれ、また村に居住する非農業の人々も含まれないというものであった。特に村のオモダチという村落支配者層を除外して常民を考えていることに注目しなければならない。自らの農業労働で生活を支える者たちのみが常民なのである。このような「住民の大部分」を占める「極く普通の百姓」とは経済学的には「小農(しょうのう)」概念で把握できる存在でもある。また近世史上の位置付けとしては本百姓(ほんびゃくしょう)と呼ばれる存在であった。

民俗学は、常民の歴史を明らかにすることで、実際社会で解決を迫られている問題に答を出そうとする「経世済民(けいせいさいみん)」の学として確立した。

3 常民の変質と「日本人の民俗学」

このように、常民は民俗を伝承する主体であり、それは農村居住者一般ではなく、そこから上と下の層を除外した、中核的な部分のことであった。常民は一定の指標と基準によって把握できる社会的存在として示されていた。すなわち、調査者が調査対象地である村落社会に入って行って、民俗調査の対象として認定できる存在であった。ところが、『郷土生活の研究法』と並ぶ確立期の代表的著作と言ってもよい『民間伝承論』（共立社、一九三四年）のなかに民間伝承（＝民俗）の担い手についてまず次のように説明する一文がある。

人から御世辞にインテリと言はれ、自分も内々さう心得て居る者を除き、其の残りの者が持つてゐる古臭いもの、それが我々のいふ民間伝承になるのである。（『民間伝承論』三頁）

ここではインテリではない人々によって民俗は担われているとしているが、そのすぐ後で以下のように、インテリもまた民俗の担い手になることを説く。

我々は民間、即ち有識階級の外に於て（もしくは彼等の有識ぶらざる境涯に於て）、文字以外の力によつて保留せられて居る従来の活き方、又は働き方考へ方を、弘く人生を学び知る手段として観察して見たいのである。（同、七頁）

この文章はもちろん常民の説明ではない。しかし、常民が民俗を保持する主体として理解されるのであるから、このような有識者も「有識ぶらざる境涯に於て」民俗の担い手になるので、当然彼らも常民の範疇に含まれることになる。このことは常民概念の変化拡大の可能性をもった説明だったと言える。そして、事実、常民についてのその後の柳田の考えは次第に拡大して、常民は日本人そのものに近づいていった。

一九四〇年代には、農民も天皇も常民ということになった。それは、結局日本人すべてということになる。敢えて常民を使用する必要はなくなった。事実一九四〇年代に入るころから常民の使用頻度は急速に低下し、それに代わり日本人という表現がしばしば見られるようになる。すべての日本人が民俗の担い手であり、常民である。

柳田国男が常民を盛んに使用した時期よりやや時間的には下がるが、渋沢敬三が常民を用いた。それはそれまでアチックミューゼアムと名乗っていた研究所を、戦争中に敵性語であると警戒され、使用しにくくなったため、日本常民文化研究所と名称変更したことによる。その時期は確定できないが、一九四二年ごろと考えられる。渋沢敬三が常民という語を採用した事情については、後年次のように語っている。

まあ屋根裏だからアチックだというので、当時たしか高等学校あたりで盛んに読んだジェロームという人のアチック-ヒロソフィ-イン-パリスという本があったので、そんなところから考えついてつけた名前だったのであります。ところがだんだん戦争が激しくなりますうちに、英語を排斥する機運が起り、そのうちに巡査がやってきて、お前のところにはアチックという外国人がいるかというようなことで（笑声）それから何と直そうかということになって、常民という名前を考え出してつけたのであります。庶民とか大衆という言葉があったのでありますが、どうも庶民というと相手をこっちが見おろしているような気が多少して厭だったたから、コモンピープルというのをそのまま訳して常民とした次第であります。（渋沢敬三「還暦祝賀記念論文執筆者招待会席上座談話集」一九五八年。『犬歩当棒録』所収、角川書店、一九六一年、二一三頁）

これによれば、柳田国男の常民とは関係なく、コモンピープルを訳した語だとしている。しかし、柳田国男の常民に倣って付けたのではなくても、常民という語を訳語として思いついたのには柳田の常民があったことは間違いないであろう。組織名として常民を採用したが、その語を自己の文章の中で使用することはほとんどなかった。わずかな例として確認できるのは、大森貝塚を発見発掘したモースについて「開国間もないわが国の生活様式や思考形式の伝統に異常の興味と愛着をもった先生は実にたん念に幅広く常民の物質文化標本を多数収集され、それが今ボストン在セーラムのピーボディ博物館に展示してある」（渋沢敬三「朝日新聞『きのうきょう』欄中より」一九五九年。『犬歩当棒録』二四三頁）と記した文である。したがって、渋沢敬三の常民を継承するという主張もほとんど根拠がないことと言える。

4 常民ではなく民常

柳田国男を中心とした日本の民俗学にとって常民は重要な概念であったが、専ら柳田国男が一九三〇年代に使用し、柳田以外の研究者がそれを検討することはほとんどなかった。そして時には民俗調査の結果を記述する際に、個別地域の具体的な民俗の担い手を指し示す語として用いられた。その用法は民俗学研究所編『民俗学辞典』（東京堂、一九五一年）での、常民は「民間伝承を保持している階層」という定義にも見られる。

それに対して平山敏治郎が、常民は「身分階級的に民族の一部に比定さるべきでない。これは階級概念としてよりもむしろ民族と同様に文化概念として理解せらるべきもの」で「常民は文化活動に示される人間の一面を指すものであって、誰しもが共通に持つところの性格」であるとした（平山「史料としての伝承」『民間伝承』一五巻三号、一九五一年）。常民は階級概念か文化概念かという問題提起であった。この主張の基底には、明らかに、柳田国男の民間伝承についての理解、すなわち有識階級も「彼等の有識ぶらざる境涯に於て」はその担い手であるという考えがあった。

これを改めて議論したのが竹田聴洲の「常民という概念について」（『日本民俗学会報』四九号、一九六七年）であった。竹田は「国民の中に常民とそうでない人間とがあるのではなく、生活文化の中に常民的な面とそうでない面とが区別される」とし、結論として常民は「『常の民』よりむしろ『民の常』の意であり、人間の種類ではなくして文化の種類である」と民常を主張した。そして、その性格を示す言葉として「常民性」が用いられたが、常民性についての説明はほとんどなく、曖昧なまま残された。

この常民性という言葉は、すでに一九五一年の平山敏治郎の論に始まる民俗学性格論争の中で論者がそれぞれ使用していたが、その意味は十分検討されたわけではなかった。文化概念としての常民をいう時に使用されていた。そして、一九七二年に刊行された大塚民俗学会編『日本民俗事典』（弘文堂）の「常民」（和歌森太郎執筆）は、「民間伝承保持者」であり、「階級や身分を基準にするのでなく、文化的観点から、その創造的活動につとめる側面が比較的薄く、くりかえしの類型的文化感覚に執着している人たちをいう」としながら、「知性・理性の強いものといえども、日々それに時間を使っているわけではないから、若干の常民性を具えていることになる」と説明した。この常民性がそれ以降一般化し、しばしば使用されることとなったが、その意味の確定や実質化は行われなかった。

5　消える常民

このようにして、常民は人間を分類する概念でなく、人々のある側面、性質、状況をとらえる概念という考え方が民俗学では一般化した。そのことによって、個別調査研究レベルでは調査対象や民俗の担い手として常民という用語が登場することはなくなった。常民は民俗学の具体的な研究上に必要な位置を与えられなくなり、調査研究とは無関係な形で議論され、柳田国男の思想や認識を論じる、いわゆる柳田国男論の題材となっていった。「常民は歴史的な運動過程そのものを通してあらわれるところの個性的な集合主体である」と、抽象概念としての常民を論じた神島二郎「民俗学の方法論的基礎」（『文学』二九―七、一九六一年）はその最初と言って良いが、これは一九四九年に『民間伝承』に投稿しながら採択されなかった論文であり、民俗学の世界での抽象的議論が忌避されたことを示すものであった。一九六一年に発表された際にも、またそれ以降も民俗学からの反応はほとんどなかった。

一九七〇年代には柳田の常民の用例を網羅的に検討して、その意味と変化を論じることが行われた。それは有賀喜左衛門「総序」（『日本常民生活資料叢書』一巻、三一書房、一九七二年）、中井信彦『歴史学的方法の基準』（塙書房、一九七三年）、杉本仁「〝柳田学〟における〈常民〉概念の位相」（後藤総一郎編『柳田国男の学問形成』白鯨社、一九七五年）、福田アジオ「常民論ノート」（木代修一先生喜寿記念論文集『民族史学の方法』雄山閣出版、一九七七年）などでなされた。その過程で、柳田の常民の使用開始が、民俗学確立期の一九三〇年代ではなく、彼が民俗の世界を発見した一九一〇年代まで遡ることが明らかになり、それに伴いまた意味にも時間的変化があることが指摘された。平山敏治郎や竹田聴洲の常民理解は、柳田の第二次大戦前後の常民理解と連続しており、一九三〇年代の確立期における常民概念とは異なることも確認された。

一九六〇年代から七〇年代に議論の素材として取り上げられた常民も八〇年代に入るとほとんど問題にされることはなくなった。民俗学の研究書や論文では常民が使用されなくなった。常民性という語も見かけなくなった。敢えて言えば、常民は民俗学上の用語ではなくなったのである。その点では、早くから常民を使用せず、民衆を用いていた宮本常一に先見の明があったとも言えよう。そして、その後、常民は使用されないが、赤松啓介の『非常民の民俗文化』（明石書店、一九八六年）、『非常民の民俗境界』（明石書店、一九八九年）という書名が示すように、非常民という表現が時々登場するようになった。

岩田重則「民俗学と差別―柳田民俗学の形成および『常民』概念をめぐって―」（『日本民俗学』二五二号、二〇〇七年）、室井康成「『常民』から『公民』へ―政治改良論としての柳田民俗学―」（小池淳一編『民俗学的想像力』せりか書房、二〇〇九年）などわずかな例外を除いて、現段階の日本の民俗学から常民は姿を消した。個別の調査研究の記述の中で常民を使用することは、民常や常民性の意味からは不可能である。急速に常民は忘れられ、歴史的な固有名詞として神奈川大学日本常民文化研究所、成城大学大学院日本常民文化専攻などだけに残されることとなった。常民が民俗学で使用されなくなったのは、常民の意味を無理に変化させたことによるが、加えて、今まで疑うことのなかった一国民俗学が疑われ、一国民俗学を超えようとする動きが強まったことにもよる。一国民俗学のなかでのみ意味を有する常民を、世界的な一般理論としての民俗学で使用できないのは当然であろう。もちろん少数意見として、常民は世界に通用するとの主張もあるが、定義として明確ではなく、普及の可能性は乏しいと言える。

Ⅱ　柳田国男の研究構想

一　松岡国男の研究ノート

1　柳田国男の日記・備忘録

柳田国男が日記をつけていたことは広く知られ、そのうちスイス滞在中の『瑞西日記』、一九四五年前後の『炭焼日記』など限られた時期の日記は公開もされている。小田富英は『定本柳田国男集』（筑摩書房）に収録された日記を紀行文も含め全部で一〇編掲げて解説した。そして、それ以外の時期についても柳田国男は日記を書いていたことを推測した（小田富英「日記」、野村純一他編『柳田国男事典』勉誠出版、一九九八年）。公開されている日記はごく短い期間であり、人生の大部分の日記や手帖はその存在さえ明らかでない。それにもかかわらず、多くの研究者は柳田国男の日記の存在を想定している。特に、小田はその存在を確信している。それは、柳田国男の長男為正の「一九七二年初秋には日記は健在にて、堀一郎教授宅に保管致されおり、一郎の家内三千子が風呂敷包み一杯分を母のもとに引き提げ来り、牧田氏の閲覧に供しましたのを小生この眼で見ております」という証言があり（堀一郎は柳田国男の三女三千子の夫、母は柳田国男の妻孝、牧田は『柳田国男』の著者牧田茂のこと）、さらに、晩年の柳田国男の近くにいて、秘書の役割も果たした鎌田久子が、いくつかの機会に柳田国男の日記や手帖を参照したり、引用したりしているからである。たとえば、佐々木喜善（ささききぜん）が水野葉舟（みずのようしゅう）に伴われてはじめて柳田国男を訪れたのは一九〇八年一一月四日であり、その日に柳田国男は早速「其話をそのままかきとめて『遠野物語』をつくる」という決意表明を日記に記していたということが、やはり鎌田によって述べられている（石井正己『遠野物語の誕生』若草書房、二〇〇〇年）。その後、柳田国男研究者によって日記・手帖の発見への努力はされているが、そのことについて承知していたと思われる鎌田久子が二〇一一年に亡くなり、大きな手がかりを欠くことになった。

しかし、少しずつであるが、事態は変わってきた。成城大学民俗学研究所は、二〇〇〇年に『民俗学研究所紀要』第二四集別冊として「柳田国男の日記」を発行した。そこには一九三四年「学問の日記」、一九四二年以降の「木曜会日記」、「大正九年八月以後東北旅行」そして「水曜手帖付録」と題された四種の日記・備忘録の影印と翻刻が収録され公開された。これらは柳田国男から生前に、古い直弟子の一人である丸山久子に贈られていたもので、丸山久子没後に遺族から成城大学民俗学研究所に寄贈されたものである。

柳田国男の最初で最後の沖縄旅行は、彼に大きな影響を与え、民俗学確立に決定的な意味を持ったと考えられるが、沖縄旅行を通じて柳田国男が獲得した認識や知識は紀行文としての『海南小記』の記述から窺うのが唯一の方法であった。沖縄を巡った時に訪れた先で何を見て、何を考えたかを直接記録したフィールドノートのような存在は広く知られていなかった。ところが二〇〇九年に酒井卯作によって『南島旅行見聞記』（森話社）が刊行され、『海南小記』の基礎となった柳田国男の手帖を全文翻刻して全面的に明らかにされた。そして、その手帖は研究資料として民俗学研究所で閲覧できるように柳田国男から提供されていたが、その時点では紹介や翻刻などはされず、一九七〇年代になってはじめて翻刻されたことを紹介した。この一九二一年の沖縄旅行の手帖を世に紹介したのもまた鎌田久子であったという。鎌田は「柳田国男の海南小記」と題して関西大学文学部の『地域文化』一号（一九七四年）に手帖の存在を紹介し、その一部を翻刻した。それをうけて、翌七五年に酒井卯作が全文を翻刻して『南島旅行見聞記』と題しガリ版刷りによって一〇〇部余りを刊行した。しかし、これら一九七四・七五年の紹介はほとんど知られることなく経過し、二〇〇九年の『南島旅行見聞記』の刊行によってはじめて柳田の沖縄旅行の手帖が広く知られるようになったと言ってよい。これによって、『海南小記』の記述には、前提となる基礎データがあることが判明し、そして柳田自身が旅の途次で何を見、何を聴いて注目したかが具体的に把握できることとなった。ただし、この『南島旅行見聞記』の原本は散佚して現在の所在は明らかでないと酒井卯作は述べており、ここにもまた不明な点がある。

2 「伊勢海の資料」

瀬川清子旧蔵の柳田国男『明治三十年伊勢海ノ資料』（岡田照子・刀根卓代編『柳田国男の手帖「明治三十年伊勢海ノ資料」』伊勢民俗学会、二〇一六年）は、今までに順次明らかになってきている柳田の日記・手帖のうち、最も初期に属する一冊だと言える。「手帖」の表紙にはシールが貼られ、そこには「明治三十年伊勢海ノ資料」と記されており、その筆跡から判断して柳田国男自身が書いたメモであることは間違いない。ところで、酒井卯作の『南島旅行見聞記』には、手帖の表紙に「南島旅行見聞記」と記されたシールが貼られていたことが写真で紹介されている。そこに示されたシールは、「明治三十年伊勢海ノ資料」と書かれたシールと全く同じものと判断できる。したがって、柳田国男自身がある時期に手帖やノートの内容を速やかに判断できるように、表紙に内容を記載したシールを貼り付けていたものと理解できる。このシールで柳田国男は、「手帖」を「伊勢海ノ資料」として位置付けていたことがわかる。

「伊勢海ノ資料」とは彼が一九〇二年に『太陽』八巻八号に発表した「伊勢の海」（『柳田国男全集』二三巻所収、筑摩書房、二〇〇六年。なお一九〇八年に「遊海島記」と改題し田山花袋・小栗風葉編『二十八人集』に再録）の資料を指しているものと思われる。「伊勢の海」は柳田国男が体調を崩し静養のために一ヵ月あまり滞在した伊良湖岬での見聞を紀行文としてまとめたものであり、その記述のなかに海岸に流れ着いた椰子の実が登場することで注目されてきた。そして『海上の道』で提出された、日本人の先祖は中国大陸の南部から暴風によって漂流して沖縄に辿り着き、その沖縄を拠点に再び船で黒潮にのって島づたいに北上し、日本列島全体に住むようになったという雄大なロマンに満ちた仮説の形成過程には、学生時代に経験した伊良湖岬での椰子の実の感動があったとする説の根拠となってきた。発表された紀行文「伊勢の海」は作品として整った文章であり、内容も読者を想定して精選されていると言って良い。実際に伊良湖岬滞在中に何を見て何を感じたのかは装飾された紀行文ではわかりにくい。伊良湖岬滞在中に見聞したことをその場で、その時に書き綴った記録があればより実態を明らかにできるはずである。今回新発見の「伊勢海ノ資料」はその点で貴重な資料である。

なお、柳田国男自身は伊良湖岬滞在を一八九七（明治三〇）年のこととして記憶していたようで、「手帖」に貼り付けられた表題にも「明治三十年伊勢海ノ資料」とし、またいくつかの文章で一八九七年のこととしているが、実際は一八九八年に伊良湖岬に滞在したのである。鎌田久子の作成した「年譜」（『定本柳田国男集』別巻五、一九八二年）には、一八九八年のこととして記載し、わざわざ「編注・従来の三十年は本人の記憶の誤り」と記している。前年の一八九七年の七月に第一高等学校を卒業し、九月に帝国大学法科大学に入学した柳田国男は、翌年の二年次になったばかりの八・九月に一ヵ月あまり保養のため伊良湖岬に滞在したのである。したがって、「手帖」の表題も正しくは「明治三十一年」とすべきものである。なお、小田富英編『柳田国男年譜』（『柳田国男全集』別巻一、二〇一九年）では、一八九八年のこととして伊良湖滞在を日付け順に詳しく記している。その出典が記されていないのは残念であるが、「手帖」を読み解くのに大いに参考になる。

柳田国男はラベルに「明治三十年伊勢海ノ資料」と記載して貼り付けているが、「手帖」全冊が伊良湖岬滞在中のものではない。また記載されている事項に年月日は記されておらず、内容は一貫しているわけでもなく、手控えの「手帖」と判断できるが、日記という性格は帯びていない。柳田国男は「手帖」の三頁目に「前半ハ伊良湖手帖　明治三十年ノモノ　最モ古キ手帖也　コレモ大学生ノ頃ノモノ」などと記しているように、「手帖」の前半が伊良湖岬滞在中のメモであり、後半は学生生活を送るなかで備忘録として書き留められた各種のメモである。

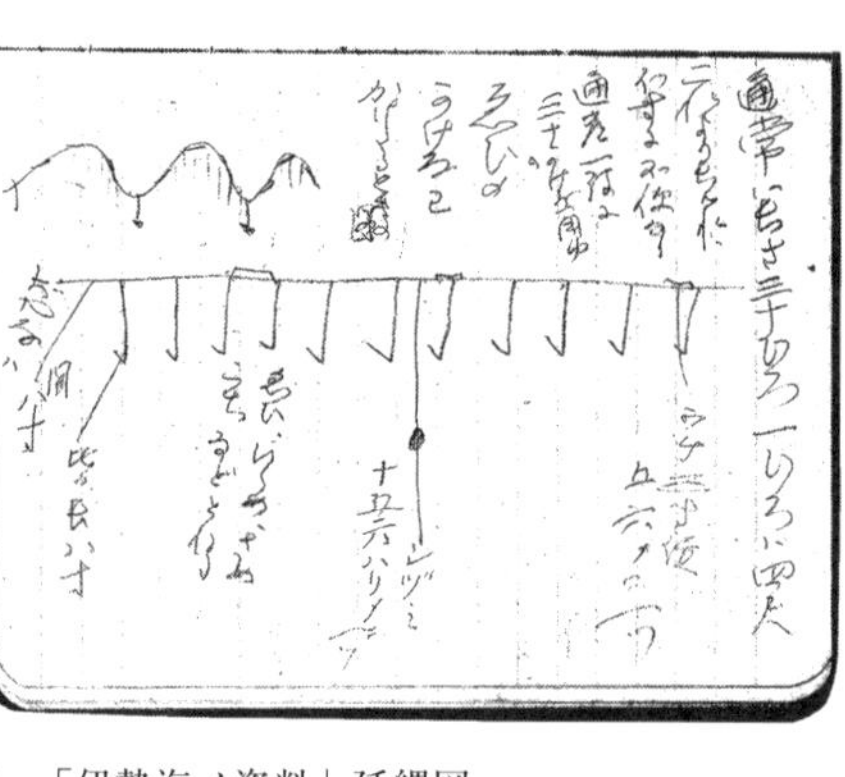

1　「伊勢海ノ資料」延縄図
出典：岡田照子・刀根卓代編『明治三十年伊勢海ノ資料』75頁

「手帖」前半部に記録された伊良湖岬滞在中のメモは非常に興味深い内容を記している。一つは伊良湖岬についての各種文字資料からの抜き書きである。そしてより注目されるのは、伊良湖岬滞在中に村人たちから教えて貰ったと思われる各種の民俗事象や出来事である。伊良湖岬滞在時の柳田国男は松岡国男で、東京帝国大学の二年生になったばかりであり、もちろんいまだ民俗学とか土俗学について研究していないし、勉強と言うほどのこともしていなかったと考えられる。今流に言えば法学部の学生だったので、そのような研究分野があることも知らなかったものと思われる。それにもかかわらず、伊良湖岬の人々の生活に興味を抱き、その一端をわざわざ「手帖」に書き留めているのである。

柳田国男自身が言うように「手帖」は「伊勢海ノ資料」という性格を基本的に持つ。「手帖」の記事と「伊勢の海」の内容を比較してみると、そのことは歴然である。「伊勢の海」の最初に記された、伊良湖岬は古くは島であり、後に陸続きになって三河国に入ったという記事は「手帖」に記録されている。また最初から三段落目（『柳田国男全集』二三巻、二二八頁）に書かれている、たまたま安乗崎の灯台の灯が消えていたために航路を誤って砂浜に乗り上げ、その座礁した船が積み荷の処理のために大きな提灯を掲げたが、その灯を灯台の灯と間違え一晩に四艘もの舟が打ち上げられたという事故は、全く同じ内容で「手帖」の五二・五三頁に記されている。また伊良湖岬の上空を飛んでいく鷲は磯鷲（いそわし）というとの記事も「手帖」に同じように記載されている。また「伊勢の海」で、アワビには雄貝（おがい）と雌貝（めがい）の別があり、「雄は皮厚く背円く色黒くして味良からず」と記すが、これも「手帖」にほぼ同文で記録されている。今では名物となっている牡蠣（かき）は奥州産の種を伊勢の海に放したのが始まりとする。これも「手帖」に書かれているが、「手帖」では尾張・三河沿岸の牡蠣は昔知多（ちた）半島に奥州産の牡蠣を導入したからとしていて、より限定的である。「伊勢の海」というテーマに適合させるために広域的な表現をしたものと思われ、そこには文学青年としての判断が示されていると言ってよい。「手帖」と「伊勢の海」を比較してみると、「伊勢の海」に記載されている多くのことが「手帖」に記されており、「手帖」が前提となって「伊勢の海」は執筆されたと判断できる。伊良湖岬滞在中にメモした「手帖」の記事を基礎に、五年前の記憶を蘇らせつつ執筆したのが「伊勢の海」であった。

ところが、「伊勢の海」に書かれている事項で、それに対応する記事が「手帖」に見られないものがいくつかある。最も代表的な事柄は有名な椰子の実であろう。「伊勢の海」でも椰子の実の記事はさほど重要な意味を与えられていないが、海岸で椰子の実を発見した感動は大きかったと思われる。東京に戻ってから島崎藤村にそのことを語り、藤村がそれを新体詩として発表したことでそれは推測できるが、この感動に直接関係する記事は「手帖」には見られない。また「伊勢の海」で若者組について注意し、「村の若者も多くは其家に寝ず、二十前後の頃は、皆村の重立ちたる人に託せられて、夜は其長屋に行きて寝るなり」に始まる寝宿慣行を記すが、これに対応する記事は「手帖」には見られない。しかし、「手帖」に「わかきものの教育法の事」と内容抜きで記されており、柳田国男が若者に関心を抱いていたことがわかる。さらに「伊勢の海」で比較的多くの分量を割いて紹介しているのは神島のことである。柳田国男は神島にわたり、数日間そこに滞在した。その印象、さらにまた神島の人々の生活について述べている。しかし、これに対応した記事を「手帖」で見つけることができない。このことから、「伊勢の海」の執筆には「手帖」に書かれたことが参照されたり引用されたりしているが、すべてが「手帖」に基礎を置いているわけではないことがわかる。殊に神島に関する記事は「手帖」には多くは見られず、別にメモやデータがあったものと思われる。「伊勢の海」では、神島に関して、「村隠居」と呼ばれる村落制度を紹介しているが、「手帖」にその材料を見つけることはできない。

「伊勢の海」に書かれた事柄は「手帖」のメモを基礎にしていたことは間違いないとしても、その関係は単純ではない。「手帖」に記録されていないことが「伊勢の海」には少なくない。さらに注目すべきことは、「手帖」に伊良湖岬や渥美半島、さらには伊勢湾沿岸地方のこととして記録されていながら、それが「伊勢の海」には利用されていない事柄が少なくないことである。「伊勢の海」の基礎データとしての「手帖」と理解するだけでなく、「伊勢の海」に採用されなかった記事の意味も考えることが必要である。「伊勢の海」は紀行文として『太陽』に発表されたものであり、その性格上「手帖」にメモしてあった事項でも取り上げなかったことは十分納得できる点である。そこで、次に登場する課題は、「手帖」に書き残された内容から柳田国男は伊良湖岬滞在中に何を見、何を聴き、何に関心を抱いたかを検討することであり、その前提として「手帖」の内容を整理し、再構成することである。

いまだ民俗や民俗学について勉強していない大学二年生の備忘録としての「手帖」であるが、そこには後に民俗学を勉強するようになったときに見られた興味関心、あるいは志向がすでに示されている。一九〇八年の夏の九州・四国旅行と秋の佐々木喜善との面談によって民俗への興味が生じたことを契機として日本の民俗学の学問形成は始まるが、その柳田国男の民俗への関心は学生時代から抱かれていたことが「手帖」によってわかる。「伊勢の海」の記述にも示されているが、「手帖」でより明瞭になるのは、後に言う民俗語彙への関心である。多くの事物についてその土地での名称を確認し記録しているのである。特に、風の名称に大きな注意を払っている。また言葉では表現が難しい事物を図示化することを試みている。そのような民俗への関心が民俗学形成以前にすでに抱かれていたことがわかるという点で、この「手帖」の価値は大きい。

3　興味深いノート

「手帖」の後半は伊良湖岬とは関係のない記事が並んでいる。恐らく東京に戻ってからの日常的な備忘録だったと思われる。書かれている事項は多岐にわたり統一されたものではない。なかには柳田国男の学生時代の交友関係を明らかにする際に役立つと思われる人名が記載されており、住所が書かれている者もいる。また遊び心で認めたものと思われるが、山内銀次郎が三年以内に結婚することを柳田国男と約束した誓約書も記入されている。山内銀次郎については不明であるが、友人であったことは間違い

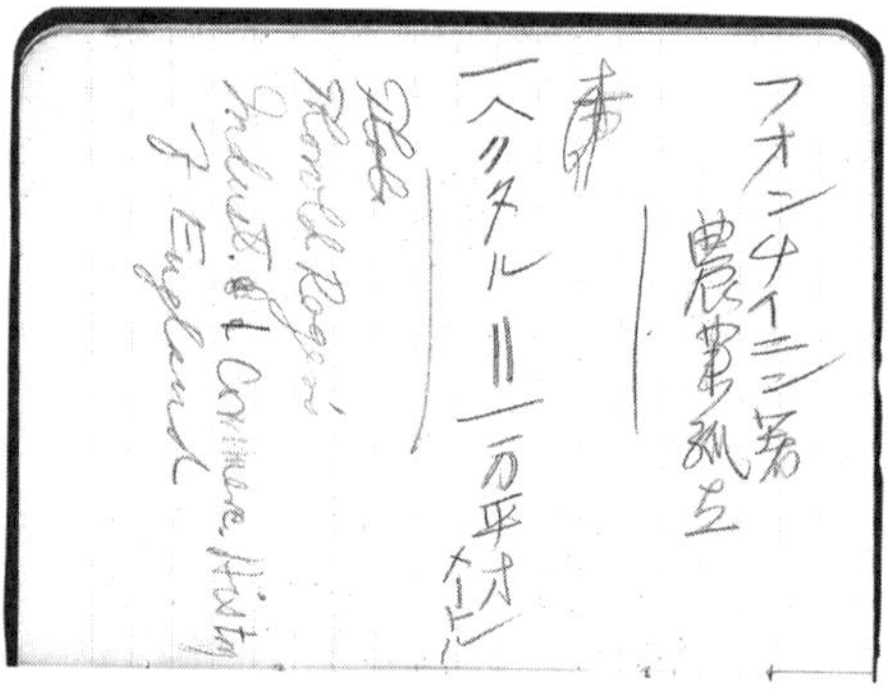

2　「伊勢海ノ資料」チューネン『孤立国』の記載
出典：岡田照子・刀根卓代編『明治三十年伊勢海ノ資料』159 頁

ない。後半部の記載事項の中心部は書籍に関するメモである。書名、著者名、出版元などが書かれており、多くの欧文文献が含まれている。これらは、学生として得た情報を記したものであろう。購入を予定したというよりも、参考文献、学習文献として図書館や研究室で閲覧するための情報というべきであろう。経済史、政治史、社会史に関する研究書が多いが、柳田国男の蔵書として残されている成城大学の柳田文庫の蔵書内容とは一致しない。やはり学生時代の学習のための参考文献情報と解すべきであろう。柳田国男の専門知識の内容を検討する際には役立つ情報である。

柳田国男は自己の著作のなかで種明かしをしないことが多かった。そのため、立論の基礎にどのような先行研究があり、どのような文献を参照したのかがわからず、柳田国男論研究者に皮肉なことに研究課題を提供してきた。柳田国男の民俗学方法論を形成する二大柱の一つである方言周圏論について、彼の独創として評価するにしても、彼が理論形成に際して学んだ先行研究があると推測され、それに関していくつかのヨーロッパ理論からの学習が想定されてきた。その柳田国男が学んだ理論の一つとしてドイツのチューネンの理論がある。このことについては千葉徳爾が指摘し、千葉がそのことを柳田国男に尋ねたところチューネンの理論からヒントを得たことを認めたという（千葉徳爾「本書を読む方に」『民俗と地域形成』風間書房、一九六六年）。しかし、その根拠となる材料は明らかにされていなかった。ところが「手帖」に「フォンチイニン著農業孤立」と文献名が記載されているのである。「フォンチイニン」はJohann Heinnrich von Thünen,「農業孤立」は彼の代表的著書である『農業と国民経済との関係における孤立国』を指しているものと理解して間違いないであろう。農業経済を専門的に学ぼうとしていた柳田国男がチューネンについても関心を抱き、それを読もうとしていたことがわかり、後の周圏論の理論形成に際して学生時代の勉強の成果が活用されたと考えてよいであろう。なお、柳田国男がチューネンの「孤立国」の知識を有していたことは、一九二四年に発表した「島の入会」（後に「島々の話」その三として『島の人生』収録、創元社、一九五一年。『柳田国男全集』一九巻、一九九九年）で、伊豆大島の土地利用について三原山を中心に五つの圏が形成されているのは、「チューネンの孤立国 Isolierte Staat の法則を実現したもので、唯島だけに内外の順序が逆になつて居る」と指摘していることでわかる。学生時代に「孤立国」について学び、それを後の民俗の解釈に応用したのである。

このように「手帖」後半の記載も重要な意義がある。

二　世界民俗学構想と『遠野物語』

1　一九〇八年の二つの出来事

椎葉村訪問　柳田国男は一九〇八年五月から八月まで三ヵ月に及ぶ九州・四国旅行を行った。官吏である柳田が三ヵ月も勤務先を離れて旅行をしたこと自体が驚きであるが、それは公務出張であった。その九州旅行の後半の七月一二日に宮崎県椎葉村を訪れ、一週間滞在した。椎葉村を中央の官吏が訪れることはなく、柳田の出張に対しては村を挙げて対応した。村長の中瀬淳は終始随行し、村内を案内し、柳田のさまざまな要請に応えた。柳田の興味関心に対して中瀬は共鳴するものがあり、熱心に対応した。それは柳田が東京へ戻ってからも続いた（牛島盛光『日本民俗学の源流―柳田国男と椎葉村―』参照、岩崎美術社、一九九三年）。

柳田は帰京後、機会あるごとに九州旅行で見たこと、考えたことを視察報告として発表した。それらはいずれも九州山間部についてのものであった。九州旅行で訪れた山間地域は椎葉村だけではなかった。阿蘇をはじめ、菊池、五木などにも行っている。それら全体の見聞から獲得された見解であるが、注目すべきことをいろいろと指摘した。そのなかで最も注目される論が山人の存在であった。旅行の翌年四月に発表した「九州南部地方の民風」と題する視察記で以下のように述べている。

（前略）要するに古き純日本の思想を有する人民は、次第に平地人の為に山中に追込まれて、日本の旧思想は今日平地に於ては最早殆ど之を窺い知ることが出来なくなつて居ります。従つて山地人民の思想性情を観察しなければ、国民性といふものを十分に知得することが出来まいと思ひます。日本では、古代に於ても、中世に於ても、武士は山地に住んで平地を制御したのであります。古代には九州の山中に頗る獰悪の人種が住んで居りました。歴史を見ると肥前の基肄（ママ）郡、豊後の大野郡、肥後の菊池郡といふやうな地方に、山地を囲むで所々に城がありまするのは、皆此山地の蛮民に対して備へたる隘勇線であります。蛮民大敗北の後移住して来た豪族も、亦概ね山中に住むで居りました。後年武士が平地に下り住むやうになつてからは、山地に残れる人民は、次第に其勢力を失ひ、平地人の圧迫を感ぜずには居られなかつたのであります。言はゞ米食人種水田人種が粟食人種、焼畑人種を馬鹿にする形であります。此点に付ては深く弱者たる山民に同情を表します。

（藤井隆至編『柳田国男農政論集』法政大学出版局、一九七五年、二五一頁）

ここに見られるように、山間奥地に暮らす山民は粟食人種・焼畑人種であり、彼らは古くからの住民であり、それが平地人である米食人種・水田人種によって追い立てられてきたと考え、彼らに「同情」すると表明した。そして、この旅行から獲得したもう一つの認識が、地域差は時間差だという歴史認識であった。平野から山間部に向かっての地域差は、新しい平野部から古い山間部へと順次変わっていく時間差であるとした。椎葉村で得た内容をまとめて一九〇九年に『後狩詞記』として自費出版した。部数はわずかに五〇部であった。

佐々木喜善の来訪　一九〇八年一一月四日、文学者水野葉舟（みずのようしゅう）が一人の青年を連れて柳田国男宅を訪れた。青年は佐々木喜善（ささききぜん）といい、岩手県遠野の出身の文学青年であった。水野は文学者仲間としての付き合いで柳田国男を知っており、佐々木は水野と同じ下宿であった。その因縁から水野が佐々木を伴って柳田国男を訪ねたのである。佐々木の語る内容を予測して、それに間違いなく柳田が興味を示すという確信があったためであろう。予測通り、佐々木が語る不思議な話に柳田は魅了された。その日の手帳に早速に「遠野物語」をつくるという決意を書き付けたという。そして佐々木から聞いた話の文章化に取り組んだ。さらに、一〇日後の一三日には柳田自らが佐々木の下宿を訪ね、内容確認を行った。一一月一八日に再び佐々木が柳田宅を訪れ、話の続きを深夜までした。それ以降、たびたび佐々木を自宅に招いて話を聞き、翌年の四月まで及んだようである（石井正己『遠野物語の誕生』若草書房、二〇〇〇年）。

そして、翌年八月には遠野を旅する。八月二二日に夜行列車で上野を出発し、翌日の昼に花巻に着き、そこから人力車で遠野に行ったが、到着は夜であった。翌朝から行動を開始し、佐々木喜善宅を訪れ（佐々木喜善は東京に行って不在）、また伊能嘉矩（いのうかのり）と面談した。そして二六日には帰途に就いた。三泊四日の遠野への旅であった（高柳俊郎『柳田国男の遠野紀行』三弥井書店、二〇〇〇年）。この旅の印象は強烈であった。この結果が一九一〇年六月に刊行された『遠野物語』の序文の文章に示されている。

2　椎葉からの民俗学

日本の民俗学は、このような一九〇八年の二つの体験から出発した。一般的には刊行物としての『後狩詞記』と『遠野物語』の二冊の書物から始まったと理解されているであろう。しかし、この二冊の書物は、内容において、またその文章において大きく異なる。

一九〇九年に刊行された『後狩詞記』の特徴としては、事象と解釈の分離、民俗語彙の自覚、比較の視点という三点を指摘できるであろう。まず『後狩詞記』の本文冒頭部分を引用しておこう。

土地の名目

一　ニタ　山腹の湿地に猪が自ら凹所を設け水を湛へたる所を云ふ。猪は夜々来りて此水を飲み。全身を浸して泥土を塗り。近傍の樹木に触れて身を擦る也。故にニタに注意すれば。付近に猪の棲息するや否やを知り得べし。

△編者云。ニタは処によりてはノタともいふか。北原氏話に。信州にてノタを打つと云ふは。猪鹿などの夜分此所に来て身を浸すを狙ふなり。火光を禁ずる故に鉄砲の先に蛍を着けて照尺とし。物音を的に打放すことあり。ニタを必ず猪が自ら設けたるものとするは如何。凡そ水のじめ〳〵とする窪みを。有様に由りてニタと云ふなるべし。風土記に「にたしき小国也」とある出雲の仁多郡は不知。伊豆の仁田を初め諸国にニタといふ地名少なからず。我々が新田の義なりとする地名の中にも。折々は此ニタあるべし。例へば上野の下仁田など。（柳田国男『後狩詞記』一九〇九年。『柳田国男全集』一巻、筑摩書房、一九九九年、四四〇頁）

事象と解釈を分離　『後狩詞記』の記述は以下のようになっている。まず主文とも言うべき椎葉村の事象を一定の分類に基づいて記述する。そこには椎葉での言葉が見出しとなっている。そして主文が終

3　中瀬淳「猪猟の話」
出典：『後狩詞記資料』諸国叢書二輯（成城大学民俗学研究所）16 頁

わると、段落を下げて「△編者云」（二回目以降は単に△のみ）として、その記述に関して説明、解釈を行っている。すなわち、主文のデータ部分と捕足解説の解釈部分が明確に分けられているのである。

ただし、これは当初から柳田が構想したことではないかもしれない。『後狩詞記』の成立の過程がこのような構成を作り出した可能性が大きい。柳田は一週間の椎葉村滞在中に多くのことを知り、その内容に大きな関心を抱いた。そして帰京後に、出版の意図をもって、案内をしてくれた村長中瀬淳に資料作成の依頼をした。その結果、中瀬から送られてきたのが「猪猟の話」と題する原稿であった（『後狩詞記資料』諸国叢書二輯、所収、成城大学民俗学研究所、一九八五年）。それを基本にして『後狩詞記』の主文は作られた。中瀬の「猪猟の話」と柳田の『後狩詞記』の主文を比較してみると、カタカナ文であったのをひらがなの文章にし、表現を少しずつ変更しているが、見出しも含めて内容は全く同じと言ってよい（千葉徳爾「解題」、前掲『後狩詞記資料』で、両者の異同の比較対照表を掲載している）。すなわち『後狩詞記』の主文は中瀬の執筆と言ってよいほどである。この点は柳田も認めている。中瀬の文章に変更が加えられているので『後狩詞記』は柳田の執筆だとしても、その内容はすべて中瀬から提供されたものである。このことが、主文と「△編者云」という解説を明確に分離した理由と言えよう。

「△編者云」は柳田のもっている知識や情報に基づいて、その意味を考察している。そこには次の①民俗語彙の自覚、②比較の視点、という二つの特徴が示されている。

民俗語彙の自覚　先に紹介した「ニタ」において項目見出しをニタとカタカナ書きにしている。これは中瀬が柳田に送った「猪猟の話」で採用されていたもので、その意味では中瀬の考案と言うことになろう。中瀬としては語彙に対応する漢字を思いつかなかったのでカタカナ書きにしたのではないかと思われるが、無理して漢字を当てはめなかったことは中瀬の見識と言ってよいであろう。それを受けて、柳田は本文名詞のカタカナ書きを尊重し、さらに中瀬が漢字を当てた地元の表現についてもすべてカタカナ書きとしたのである。これは柳田の見識と言える。椎葉村で用いられている言葉は、たとえ漢字が思い当たっても、その漢字で表現せず、わざわざカタカナ書きにしているのである。すなわち、この段階ですでに民俗語彙をカタカナ書きすることを行っていることになる。そして、「編者云」という解説部分でも、カタカナ書きが目立つ。

民俗語彙という用語ははるか後に作り出されたものであるが、地域で古くから日常的に使用されている言葉を重視し、その言葉自体も研究資料になることをすでに承知していたと言ってよいであろう。

比較の視点　『後狩詞記』は中瀬の書いた本文とそれに対する柳田の解説「△編者云」で構成されているが、解説「△編者云」は全項目に付けられているわけでなく、それほど多くない。しかし、解説の内容は注目すべき点がある。そこには他地方の事例が掲げられ、比較しようとしていることである。ニタの解説でも、信州、出雲、伊豆、上野などの例や地名が紹介され、そこに共通の意味を発見しようとしている。

ヨコダイラという語彙について、本文は簡潔に「傾斜緩なる地が横に長く亘り居る処を云ふ」としているが、その解説では「九州南部にて広くハエといふ地名を付する処。地形或は之と同じきか」とし、これを「延(は)への義か。はた先住民の語か」としている。中瀬の記載した語についての解説ではなく、そこから連想された関連語彙について説明し、「先住民の語か」と一つの解釈を出している。当時の柳田の山間奥地に対する認識が明白に示されている。

またキリという語彙について、本文は「昔焼畑とせし箇所が森林に復し居る処を云ふ」としているが、解説では本文にないコバを持ち出し、「焼畑を経営することを此地方一帯にてはコバキリと云ふ。コバは火田にて。畑と書きてコバと訓む地名多し」とし、各地の焼畑呼称とそれに関連する地名を掲げている。いまだ民俗調査は行われない段階であり、資料の集積はない。種々の文献から採取した語彙を集めて、比較し、解説しているのであるが、そこには明らかに比較研究の萌芽が見られる。椎葉のことを椎葉で解釈し、答を出すのでなく、日本列島全体の事例の中に入れることで、その意味も明らかにできるという考えが示されている。

このように、民俗語彙をカタカナ書きで明確にし、専らその語彙の日本列島各地での使われ方を比較することで、共通の意味を取り出そうとしている。すでにこの段階で「郷土で日本を」比較研究で明らかにするという確立期民俗学の方法が示されている。

3　置き去りにされた『遠野物語』

それでは『遠野物語』は日本の民俗学にとって如何なる意義を有したのであろうか。そのためにまず『遠野物語』の特色を確認する作業から始めよう。

『遠野物語』は一九一〇年六月に刊行された。実質自費出版の三五〇部の刊行であった。各冊には通し番号が打たれていた。総頁数は一二四頁で、判型は書籍としては菊判であったが、版面は文庫版であった。空白が多い書物であった。最初に「此話はすべて遠野の人佐々木鏡石君より聞きたり」で始まる六頁の序文があり、次に題目という欄が五頁置かれている。題目は全部で四〇であった。目次はない。目次の代わりに、分類された題目が置かれたといえる。題目は以下のように構成されていた。

地勢　一、五、六七、一一一
神の始　二、六九、七四
里の神　九八
　カクラサマ　七二～七四
　ゴンゲサマ　一一〇
家の神　一六
　オクナイサマ　一四、一五、七〇

オシラサマ　六九
ザシキワラシ　一七、一八
山の神　八九〜九一、一〇一、一〇七、一〇八
（後略）

話には通し番号が付けられており、全部で一一九であった。本文の総頁は一一四であり、話の平均は一頁に満たないごく短いものであった。その記述内容を整理すると以下のようになろう。

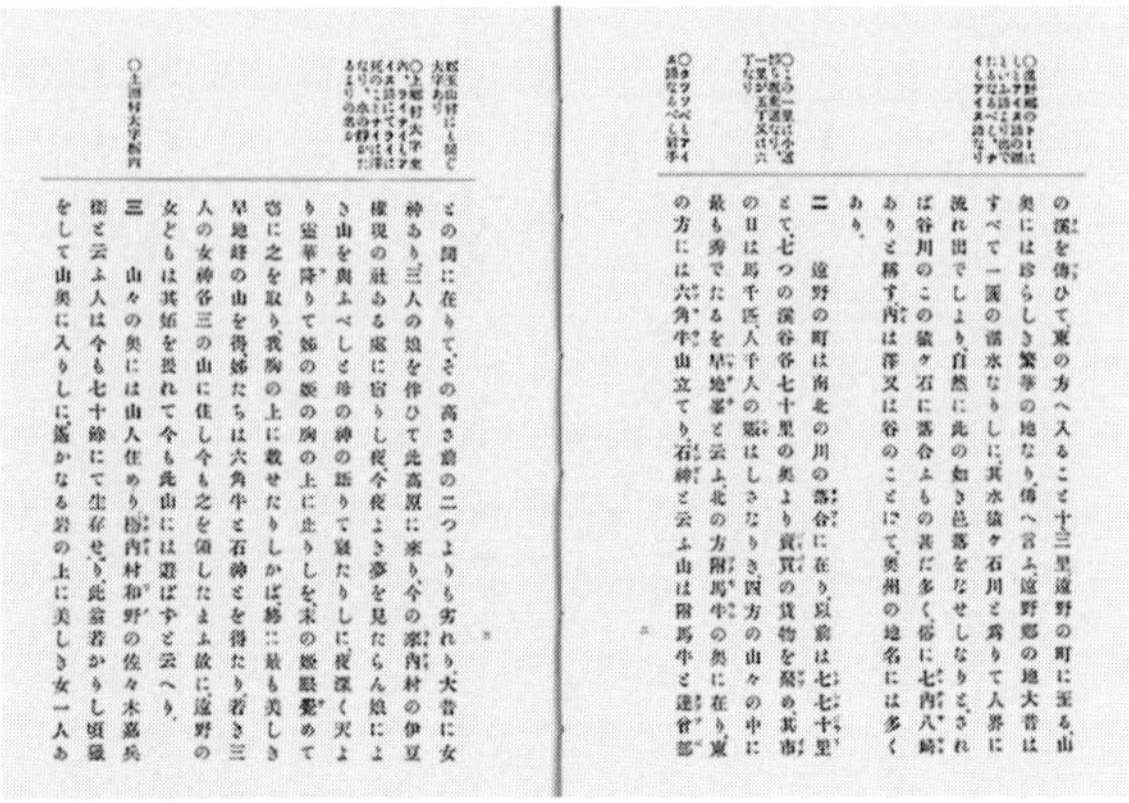
の渓を傍ひて東の方へ入ること十三里、遠野の町に至る。山奥には珍らしき繁華の地なり。伝へ言ふ、遠野郷の地大昔はすべて一円の湖水なりしに、其水猿ヶ石川と為りて人界に流れ出でしより、自然に此の如き邑落をなせしなりと。されば谷川のこの猿ヶ石に落合ふもの甚だ多く、俗に七内八崎ありと称す。内は沢又は谷のことにて、奥州の地名には多くあり。

二　遠野の町は南北の川の落合に在り。以前は七七十里とて、七つの渓谷各七十里の奥より売買の貨物を聚め、其市の日は馬千匹、人千人の賑はしさなりき。四方の山々の中に最も秀でたるを早池峯と云ふ、北の方附馬牛の奥に在り。東の方には六角牛山立てり。石神と云ふ山は附馬牛と達曾部

の間に在りて、その高さ前の二つよりも劣れり。大昔に女神あり、三人の娘を伴ひて此高原に来り、今の来内村の伊豆権現の社ある処に宿りし夜、今夜よき夢を見たらん娘によき山を与ふべしと母の神の語りて寝たりしに、夜深く天より霊華降りて姉の姫の胸の上に止りしを、末の姫眼覚めて窃に之を取り、我胸の上に載せたりしかば、終に最も美しき早池峯の山を得、姉たちは六角牛と石神とを得たり。若き三人の女神各三の山に住し今も之を領したまふ故に、遠野の女どもは其妬を畏れて今も此山には遊ばずと云へり。

三　山々の奥には山人住めり。栃内村和野の佐々木嘉兵衛と云ふ人は今も七十余にて生存せり。此翁若かりし頃猟をして山奥に入りしに、遥かなる岩の上に美しき女一人あ

4　『遠野物語』（復刻版）1　遠野市

語られた話であること　序文でも記されているように、一一九項目は佐々木喜善が柳田国男に語ったものであった。語りを聞き、それを文字化したという点では聞き書きの記録と言ってもよい。文字によって記録された文献から取り出したものではないし、逆に著者が創作したものでもない。聞き書きの成果を記述した文章はそれまでにもなかったわけではないが、すべてが語られた内容で組み立てられたのは『遠野物語』が初めてと言えよう。

フィクションではなく事実であること　一一九項目のほとんどに、地名と人名が記されている。その

話がどこの誰の何時の経験であるかを記している。場所と人間、そしてしばしば時を記した上で、具体的に経験したこと、見聞したことが記されているのである。有名なザシキワラシの話を記す第一七項は「旧家にはザシキワラシと云ふ神の住みたまふ家少なからず」という文で始めているが、次に「土淵村（つちぶちむら）大字飯豊（いいどよ）の今淵勘十郎と云ふ人の家にては、近き頃高等女学校に居る娘の休暇にて帰りてありしが」とその話の具体的な場所、家、体験した当事者をはっきりさせて、ザシキワラシのことを記している。同じくザシキワラシを記録した第一八項でも「同じ山口なる旧家にて山口孫左衛門と云ふ家には」として具体的な内容に入っている。

「昔々ある所で」という昔話のような記述はほとんどなく、内容的に昔話と分類できる項目はわずかに二つに過ぎない。第一一六項の牛方山姥と第一一七項の瓜子姫である。その他に紅皿欠皿もあるとするが、具体的な内容は示していない。

近代合理主義では理解不可能であること　『遠野物語』に収録された百余りの話はいずれも不思議な体験や見聞を語るものである。「題目」として巻頭に掲げられた項目名を見ると、不思議な出来事ばかりである。第六項の「遠野郷にては豪農のことを今でも長者と云ふ、青笹村大字糠前（ぬかまえ）の長者の娘、ふと物に取り隠されて年久しくなりしに」と話が始まる。猟師があるときその娘に出くわして話を聞いたところ、自分は山中で山男の妻になっているが、その山男は生まれた子をすべて食い尽くしてしまうという。自分はこのままここで生涯を送ると語ったという。近代合理主義の立場からは首肯できない内容であるが、そのことに柳田は注目し、また魅了されたと言える。山男、山女、神隠しなど多くの体験、見

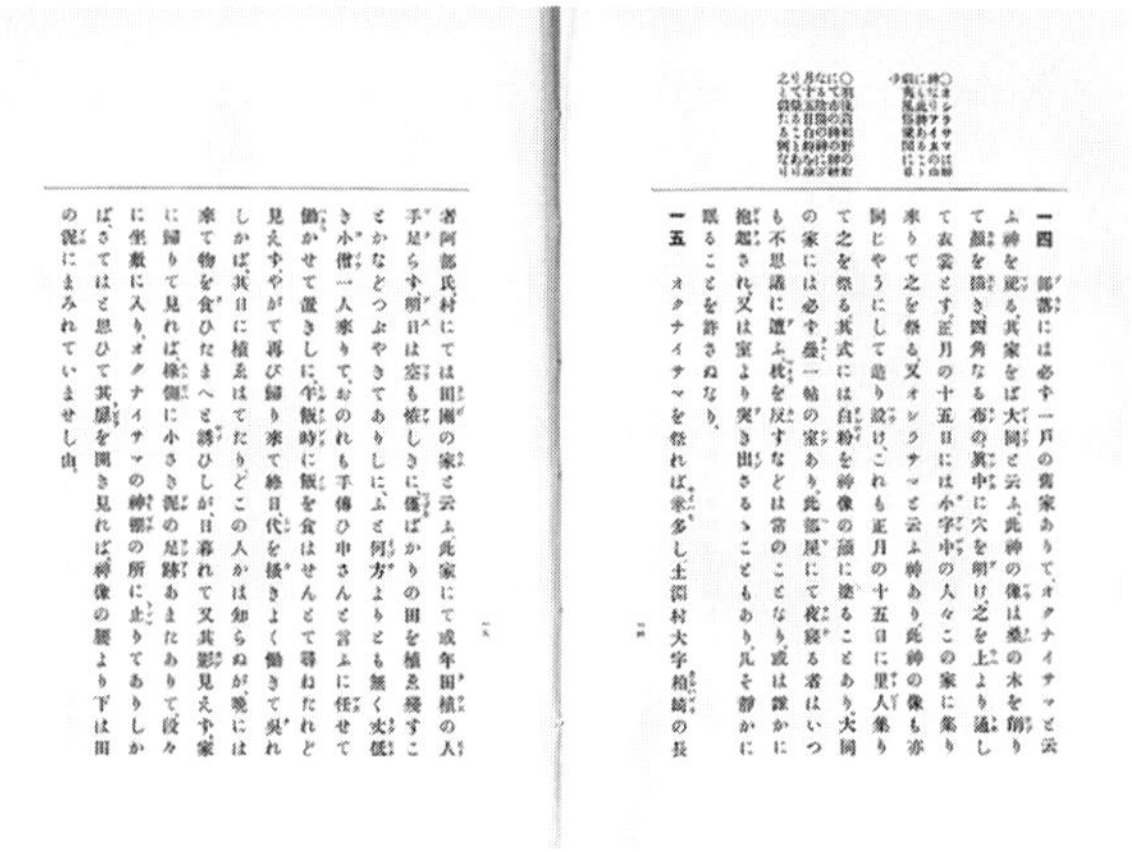
一四　部落には必ず一戸の舊家ありて、オクナイサマと云ふ神を祀る、其家をば大同と云ふ。此神の像は桑の木を削りて顔を描き、四角なる布の眞中に穴を明け、之を上より通して衣裳とす。正月の十五日には小字中の人々この家に集り來りて之を祭る。又オシラサマと云ふ神あり。此神の像も亦同じやうにして造り設け、これも正月の十五日に里人集りて之を祭る。其式には白粉を神像の顔に塗ることあり。大同の家には必ず畳一帖の室あり。此部屋にて夜寢る者はいつも不思議に遭ふ。枕を反すなどは常のことなり。或は誰かに抱起され、又は室より突き出さるゝこともあり。凡そ静かに眠ることを許さぬなり。

一五　オクナイサマを祭れば幸多し。土淵村大字柏崎の長者阿部氏、村にては田圃の家と云ふ。此家にて或年田植の人手足らず、明日は空も怪しきに、僅ばかりの田を植ゑ殘すことかなどつぶやきてありしに、ふと何方よりとも無く丈低き小僧一人來りて、おのれも手傳ひ申さんと言ふに任せて働かせて置きしに、午飯時に飯を食はせんとて尋ねたれど見えず。やがて再び歸り來て終日代を掻きよく働きて呉れしかば、其日に植ゑはてたり。どこの人かは知らぬが、晩には來て物を食ひたまへと誘ひしが、日暮れて又其影見えず。家に歸りて見れば、縁側に小さき泥の足跡あまたありて、段々に坐敷に入り、オクナイサマの神棚の所に止りてありしかば、さてはと思ひて其扉を開き見れば、神像の腰より下は田の泥にまみれていませし由。

5　『遠野物語』（復刻版）2　オクナイサマ，遠野市

聞が記録されている。

信仰的な事象であっても、その信仰が実際に起こったことと関連されて記述される。有名なオクナイサマ（第一五項）は次のように記されている。

オクナイサマを祭れば幸多し、土淵村大字柏崎の長者阿部氏、村にては田圃の家と云ふ。此家にて或年田植の人手足らず、明日は空も怪しきに、僅ばかりの田を植ゑ残すことかなどつぶやきてありしに、ふと何方よりとも無く丈低き小僧一人来りて、おのれも手伝ひ申さんと言ふに任せて働かせて置きしに、午飯時に飯を食はせんとて尋ねたれど見えず。やがて再び帰り来て終日、代（しろ）を掻（か）きよく働きて呉れしかば、其日に植ゑはてたり。どこの人かは知らぬが、晩には来て物を食ひたまへと誘ひしが、日暮れて又其影見えず。家に帰りて見れば、縁側に小さき泥の足跡あまたありて、段々に坐敷に入り、オクナイサマの神棚の所に止りてありしかば、さてはと思ひて其扉を開き見れば、神像の腰より下は田の泥にまみれていませし由（『遠野物語』一九一〇年、一四〜一五頁）

この話は家で祀るオクナイサマという神が、その家の田植えを手伝ってくれたので無事予定通り終わらせることができたという筋であり、その証拠として家に祀ってあるオクナイサマの腰から下が泥で汚れていたという。この話は田植え地蔵として知られ、日本各地で語られている。それがここではオクナイサマとなり、特定の家での出来事として伝えられているのである。伝説と割り切ればすむことであるが、『遠野物語』では伝説ではなく、特定の家で実際にあった話とされている。合理主義の立場からは理解できない事象である。

洗練された文章であること　民俗学でいう聞き書きはできるだけ話をしてくれた人の言葉、語調を残して記録するものであるのに対して、『遠野物語』の記述は語られたままの記録ではないし、また話者の表現を残した文章でもない。佐々木喜善は方言が強い人だったという。柳田自身が語ったところによると訛り(なま)が強く言葉が通じなかったという（石井正己前掲『遠野物語の誕生』三五頁）。ところが『遠野物語』にはほとんど方言は出てこない。単語としての方言も、語りとしての方言も、また訛りもほとんどない文章である。むしろ、朗読してみればわかるように、推敲を重ねて完成させた格調高い文語体の表現である。佐々木喜善の語ったことをそのまま記録したものではない。その点では明らかに聞き書きとは異なる。序文で柳田が言う「自分も亦一字一句をも加減せず感じたるまゝを書きたり」というのは、佐々木の言葉を一字一句違えず文字化したことではなく、「感じたるまゝ」を自分の文章に表現したということであろう。話の筋立ては佐々木の語った内容によっているが、その表現は遠野のものではなく、柳田自身の文章表現であった。その点では、『遠野物語』は民俗学上の聞き書きや調査記録ではなく、佐々木の語ったことに基づく文学作品だった。

『遠野物語』はわずか三五〇部という、非常に限定された出版物であった。すでに早い段階で在庫はなくなり、久しく人々の目に触れることはなかった。その点は『後狩詞記』も同じである。『後狩詞記』は読み物として面白いわけではないので、流布しないのは当然であるが、『遠野物語』は現在では一般的に知られ、多くの読者を獲得していることを考えれば、刊行当時の三五〇冊のみで、久しく絶版状態であったことは不思議である。柳田に増刷したり、再版する意志がなかったのである。多くの人々が『遠野物語』を手にすることが可能になったのは一九三五年のことであった。その間、柳田自身も『遠野物語』に触れることはほとんどなかった。途中経過を省略すると、『遠野物語』が再び世に出るまでには、『遠野物語』刊行後四半世紀が過ぎていた。柳田国男が還暦を迎え、それを記念して日本民俗学講習会が一九三五年七月三一日から一週間にわたって開催されたことにタイミングを合わせて刊行された。

一九三五年版の『遠野物語』は、二五年前の『遠野物語』の単なる再版ではなかった。はるかに豊富な内容が「遠野物語拾遺」として加えられていた。頁数にすれば、初版『遠野物語』の二倍になる拾遺であった。拾遺は必ずしも柳田の著作とは言えない。佐々木喜善の書いたものやその後の報告で得られたものを、一部は柳田自身が書き、多くは鈴木棠三（すずきとうぞう）が文章化したものである。その内容は『遠野物語』と同じような不思議な体験、見聞の記録も多く収録され、配列もほぼ初版『遠野物語』に準じている。しかし、それに加えていわゆる人生儀礼や年中行事の事項が多く記載されていた。そこでは、地名や人名という固有名詞はほとんど登場せず、遠野地方全般のこととして記されている。それはよほど当時一般化しつつあった民俗調査報告に近いスタイルであった。確立期民俗学に対応する記述方法を示したのが「遠野物語拾遺」であった。

4 開かれた『遠野物語』

初版『遠野物語』は文学作品としての性格が強い。聞き書きそのものというよりも、柳田が自分自身の文章作法に従って記述した作品であり、文学作品と言ったほうが適切である。文学作品だからこそ、現在でもなお多くの読者を獲得しているのである。その点、『後狩詞記』はまったく異なる。『後狩詞記』を読む人は、民俗学研究者でもごくわずかであろう。

『遠野物語』の内容を整理し、そこに示された柳田の関心に注意してみると、一つ大きな特色が浮かんでくる。それは外に開かれた『遠野物語』という点である。『遠野物語』の初版は、一一九の本文項目について、しばしば頭注が付けられている。ただし、『後狩詞記』の「△編者云」ほどそれぞれの分量は多くない。そこに示された特色は①アイヌへの関心と関連づけ、②海外の事例を視野に入れていること、③国際比較の目、の三点である。

アイヌへの関心と関連づけ　頭注に多いのは、語源的解釈である。第一項の遠野の概況を記した所では、頭注として「○遠野郷のトーはもとアイヌ語の湖といふ語より出でたるなるべし、ナイもアイヌ語なり」と記している。遠野という地名にアイヌ語源説を採用している。これは次の第二項でも「○タッソベもアイヌ語なるべし岩手郡玉山村にも同じ大字あり」、および「○上郷村大字楽内（来内）、ライナイもアイヌ語にてライは死のことナイは沢なり、水の静かたるよりの名か」としている。このようにアイヌ語への言及は五ヵ所と多い。遠野が東北地方でも北部に位置し、アイヌの文化との関連が推測されることは当然であるが、その注目度は大きい。地名の語源説だけではない、生活文化についてもアイヌとの関係を想定する。第一四項でオシラサマについて記述するが、その頭注で「○オシラサマは双神なりアイヌの中にも此神あること蝦夷風俗彙聞（纂）に見ゆ」と、オシラサマ信仰がアイヌにもあることに注意している。

すでに紹介したように、『後狩詞記』の最初の項目は「ニタ」であった。そのニタについての解説を「編者云」と付けているが、同様の呼称が地名化して本州各地にもあることを記している。しかし、アイヌ語やアイヌ文化との関係について触れていない。それに対して、『遠野物語』の第六八項の似田貝という村落名称に付けられた頭注では「ニタカヒはアイヌ語のニタト即ち湿地より出しなるべし地形よく合へり西の国々にてはニタともヌタともいふ皆これなり下閉伊郡小川村にも二田貝といふ字あり」と記して、ニタはアイヌ語から来た言葉であると解説し、西国のニタやヌタも同様であるとしている。

このように遠野の特色ある地名についてはアイヌ語から意味を明らかにできるとしている。これは『後狩詞記』では採用しなかった作法であり、また確立期の民俗学にも見られなかった視点である。

海外の事例を視野に入れている　それに加えて、海外の事例を視野に入れて解説していることが注目されよう。すでに指摘されている点であるが、第二二項で次のような話を記録している。

> 佐々木氏の曽祖母年よりて死去せし時、棺に取納め親族の者集り来て其夜は一同座敷にて寝たり。死者の娘にて乱心の為離縁せられたる婦人も亦其中に在りき。喪の間は火の気を絶やすことを忌むが所の風なれば、祖母と母との二人のみは、大なる囲炉裡(いろり)の両側に座り、母人は旁(かたわら)に炭籠を置き、折々炭を継ぎてありしに、ふと裏口の方より足音して来る者あるを見れば、亡くなりし老女なり、平生腰かゞみて衣物の裾(すそ)の引ずるを、三角に取上げて前に縫付けてありしが、まざ〴〵(ママ)とその通りにて、縞目にも見覚えあり。あなやと思ふ間も無く、二人の女の座れる炉の脇を通り行くとて、裾にて炭取にさはりしに、丸き炭取なればくる〴〵とまはりたり、母人は気丈の人なれば振り返りあとを見送りたれば、親類の人々の打臥したる座敷の方へ近より行くと思ふ程に、かの狂女のけたゝましき声にて、おばあさんが来たと叫びたり、其余の人々は此声に睡を覚し只打驚くばかりなりしと云へり。(『遠野物語』二一～二二頁)

この頭注に「マーテルリンクの『侵入者』を想ひ起さしむ」と付けて、メーテルリンクの作品に同様な話があることに注意を促している。簡単な指摘であり、比較を試みているわけではない。さらに第一〇九項の頭注で「東国輿地勝覧(とうごくよちしょうらん)に依れば韓国にても厲壇(れいだん)を必ず城の北方に作ること見ゆ共に玄武神の信仰より来れるなるべし」と、朝鮮半島の例を記している。『遠野物語』では日本列島内の事例を示すことはあまりなく、『後狩詞記』ではなかった海外の例が少ないながらも登場することは注意してよいであろう。

国際比較の目　第二七項の頭注で「此話に似たる物語西洋にもあり偶合(ぐうごう)にや」と記している。それ以上の詳細な記述はないが、そこには世界的な比較を行おうとする志向があると言ってよいであろう。初版の『遠野物語』の扉には「此書を外国に在る人々に呈す」と書かれていた。その意味は、海外に行くほどの開明的な人たちは近代合理主義が揺るがない信念となっているであろうが、実際には合理主義では解けない事象のあることを示し、人間のあり方を考えてもらおうとしたという解釈が成り立つであろう。しかし、それだけではないように思われる。日本の東北地方のまたごく狭い遠野での出来事が世界の出来事の一つであり、世界規模での考察が必要であることも主張しているのではなかろうか。

5　エスペランチスト柳田国男の国際性

柳田国男論から意外に忘れられていたのが、柳田がある時期エスペラントを勉強し、普及を図り、それを通して民俗学を発展させようとした事実である。エスペラントと柳田国男の関係を論じた早い論は奈良宏志（小林司）「柳田国男とエスペラント」（『季刊柳田国男研究』四号、一九七三年）であるが、それに続く研究は久しく出されなかった。近年になって、岡村民夫『柳田国男のスイス—渡欧体験と一国民俗学—』（森話社、二〇一三年）、後藤斉「エスペラントづいた柳田国男」（鈴木岩弓・小林隆編『柳田国男と東北大学』所収、東北大学出版会、二〇一八年）などが新しい知見を提出し、エスペラントとの関係がわかってきている。また柴田巌・後藤斉編『日本エスペラント運動人名事典』（ひつじ書房、二〇一三年）に柳田国男が立項され、多くの文献を紹介している。一九二〇年代を中心としたエスペランチストとしての柳田国男が明らかにされつつあり、それと民俗学との関係も新たな研究の段階に入ったと言える。

柳田国男は、一九二一年九月から国際連盟委任統治委員になってスイスのジュネーブに渡った。そこから一九二一年九月一八日付けで佐々木喜善に次のようなはがきを出して、エスペラントの意義を説いている。

欧羅巴人（ヨーロッパ）は依然として日本のことは何も知不申候　エスペラントの運動を起すの必要あるかと存申候　秋田君とでも相談し君も是非書けるやうになり置かれんことをのそミ申候（『定本柳田国男集』別巻四、筑摩書房、一九六四年、四六六頁）

その結果、喜善も熱心に学んだようで、あまり上達しなかったと書いている人もいるが、エスペラントの原書を取り寄せて読み、岩手県でのエスペラントの普及を図って、地元の『岩手毎日新聞』『岩手評論』『白龍』などにエスペラントを紹介する文章を執筆し、さらに花巻でエスペラント講習会の開催を計画した。遺された日記にもエスペラントに関わる記事が頻出している（『佐々木喜善全集』四巻、遠野市立博物館、二〇〇三年。なお佐藤竜一『世界の作家宮沢賢治—エスペラントとイーハトーブ—』彩流社、二〇〇四年を参照）。

柳田は一九二二年、委任統治委員として再びジュネーブへ行く船中でもエスペラントを学習し、一九二三年までのジュネーブ滞在中と北イタリアへの最後の旅行にも、エスペランチストとしての活動が含まれていた。たとえば、一〇月には後に万国エスペラント協会会長としても活躍したジュネーブ大学教授エドモン・プリバを訪ねて協議をしている。これらのことは柳田の『瑞西日記』に記され遺されている（『定本柳田国男集』三巻、一九六三年）。

一九二三年一月七日付けの喜善宛ての手紙には次のように書いている。

エスペラントで物がかけるやうに早く御なりなさい、単に文法のミならず此語に於てハ「簡単」、「明瞭」且つ「よい響」といふことを非常に重ずるやうです　重んずるといふよりも之を規則にしてゐるやうです　私の尤も敬服してゐる文章ハジュネブの若い学者「プリペ」といふ人のザメンホフ伝です　日本で手に入らぬやうなら今に送つてあげましやう　私は「エスペラント」の方から日本の文章道をも改良し得るとさへおもつてゐます（『定本柳田国男集』別巻四、四七七頁）

そして一九二三年一一月に帰国したが、その翌月開かれた「日本エスペラント学会主催のザメンホフ誕辰会に出席し、国際連盟でのエスペラント運動について日本語で講演」している（小田富英『柳田国男年譜』『柳田国男全集』別巻一、二〇一九年、一七三頁）。そして熱心なエスペランチストとして活動を開始する。『年譜』によれば、翌二四年二月に京都の学生エスペラント会での小講演、五月に大阪のエスペラント講演会に出席、六月に東京女子高等師範学校でエスペラントの話をし、一九二五年一一月には東京高等師範学校のエスペラントの会、一九二六年八月にも横須賀で講演している。そして一九二七年に日本エスペラント学会が財団法人になった際に理事に就任し、一九三八年まで続けた。

もちろん、エスペラントに触れる文章も執筆している。国際語エスペラントの意義を説き、日本でもそれが普及することを願うもので、一例を示せば以下のような文である。

今日のやうな国際交通の盛んな時代に、何時西洋人と対話する用事が起らぬとも限らぬ。一つだけは何語かを覚えて置く方がよいといふわけならば其目的の為には成るたけ手軽に学び得られ、且つ少しでも弘く役に立つ国際語を知って置く方がよい。是が自分たちのエスペランチストと為って働いて居る理由である。（「国語の管理者」一九二七年。『定本柳田国男集』二九巻、一九六四年、二二九頁）

家庭でも家族ぐるみで熱心にエスペラント学習を進めた。長男の柳田為正が父について語った文に「あちら仕込みのエスペラントの手ほどきなども、私共の夕食後の日課となった」（柳田為正『父柳田国男を想う』筑摩書房、一九九六年、四九頁）とある。「夕食後の日課」と簡単に書かれているだけだが、生前筆者が直接聞いた話によると、「エスペラントの単語帳を作り、一生懸命覚えた」そうである。

以上がエスペランチスト柳田の活動であり、そこに示された国際性である。特に一九二〇年代は国際性ということを非常に強く意識していたと言える。そして、民俗学も国際的な存在になるべきだと考えていた。それがジュネーヴから佐々木喜善に対しエスペラントの学習を強く勧めたことに現れているのである。

柳田国男のエスペラントに言及した文章は、岡村民夫が指摘するように、一九三四年の『民間伝承論』（共立社）を最後に消える。その「無言の挫折」には日本社会の右傾化・反動化があったと岡村は推測している（岡村民夫前掲『柳田国男のスイス』二五六頁）。妥当な見解であろうが、内的には一国民俗学を樹立させようとすることに関連すると判断される。

6　一国民俗学と世界民俗学

一九三〇年代は「野の学問」としての柳田国男の民俗学の確立期と言える。それまで個別に柳田の門を叩き、教えを請い、指導を受けていた若い研究者に組織的、系統的に民俗学を教え、それを挺子にして民俗学の研究体制と研究方法を確立した。

柳田国男は一九三三年九月から毎週一回自宅で「民間伝承論」の講義を行い、はじめて民俗学の全体像を示した。三ヵ月余りの講義で民俗学の意義を縦横に論じ、直弟子たちが民俗学研究者として自立できるようにした。その講義に列席していた後藤興善が、筆記したノートに基づきつつ、柳田の既発表の文章から抜き書きをして埋め込んで、一冊の理論書として完成させたのが一九三四年発行の『民間伝承論』（現代史学大系七、共立社）であった。序と第一章を除いては、柳田自らが執筆していないため柳田の著書として扱われてこなかったが、内容は間違いなく柳田の考えた民俗学の方法、対象、意義が論じられている。

『民間伝承論』の第一章は「一国民俗学」と名付けられていた。その章を中心にして『民間伝承論』で説いた一国民俗学は、日本列島内で日本語を共通の言語とする人々が共有する文化を研究し、その歴史的展開を明らかにすることで、自己省察を行う学問と言える。したがって、一国は大日本帝国としての一国ではない。植民地である台湾や朝鮮半島は対象の外に置かれた。それだけでなく、日本列島内においても、アイヌの人々は一国民俗学の中に含まれなかった。日本語を共通にする文化の研究が一国民俗学であった。

この一国は歴史を共有するものであった。一国内はどこにあっても同じ歴史を歩むのである。したがって地域差は時間差になるのであり、比較研究による歴史の把握が可能になるのである。それを『民間伝承論』では「重出立証法」と表現して提示した。一国民俗学の方法が重出立証法であった。すなわち「同一のことがらにしても、現在の生活面を横に切断して見ると、地方々々で事情は千差万別である。其事象を集めて並べて見ると、起原或は原始の態様はわからぬとしても、其変化過程だけは推理することは容易である」（『民間伝承論』七四頁）と説いた。重出立証法はこの『民間伝承論』でのみ登場する用語であり、この講義で専門の民俗学研究者を育てようとする柳田の意気ごみを示すものであったし、一国民俗学を完成させる方法でもあった。

『民間伝承論』は、一国民俗学を提唱して終わってはいない。「『民間伝承論』の役目は、単に日本のやうな資料の豊富な一国に、日本民俗学を建設したといふだけで、もう御終ひになるやうな小さなものであつてはならぬ」（『民間伝承論』三一頁）といい、その先に大きな目標を設定した。すなわち、世界民俗学の樹立である。『民間伝承論』のなかではあちこちで世界民俗学について触れているが、必ずしも系統的に論じてはいない。言葉としての世界民俗学の初出は『民間伝承論』の一六頁であるが、同じ頁で次のように述べている。

> 今尚一国の民俗学を打立てることは幾分か容易に過ぎ、世界人類のフォクロアは、必要が更に大なるにも拘らず、殆ど其希望の端緒をすらも把へ得ないことである。（中略）私たちは実着の歩みを踏みしめて行く為に、特に先づ一国民俗学の確立を期し、是によつて将来の世界民俗学の素地を用意し、是に働く人々の習練に資するを順序として居るのであるが、その序幕に於てすらも、既に色々の妨碍に出逢つて居る（『民間伝承論』一六頁）

一国民俗学から世界民俗学への展開を述べているが、その困難なことをも表明しているのである。そして第二章第五節を「世界民俗学の実現へ」と題している。そこでは、まず民俗学はナショナルなものとして成立する必要があるが、その上で「一国民俗学が各国に成立し、国際的にも比較綜合が可能になつて、其結果が他のどの民族にも当てはめられるやうになれば、世界民俗学の曙光が見え初めたと云ひ得るのである」(『民間伝承論』五二頁)としている。

7　民俗学の確立と一国民俗学

各国にそれぞれの一国民俗学が成立した後に、はじめて世界民俗学を樹立することができる。したがつて、一九三〇年代の柳田国男の課題は日本における一国民俗学の完成にあった。日本列島内で日本語で表現される生活事象を、言葉(民俗語彙)を窓口にして比較研究することで、日本列島内で暮らす人々の歴史を明らかにする学問として民俗学を確立しようとした。柳田が言う採集は個別の地域で行われるが、その地域で研究し、地域に即した解答を出すのではなく、個別地域で獲得されたデータはあくまでも日本列島全域から獲得された類例と比較して、その相違点と共通点から変遷過程を明らかにすべきものであった。すなわち「郷土で日本」を研究するものであった。このように個別地域での研究を封じる一方で、日本列島を超えた他の地域との比較も行わなかった。それは世界民俗学に関連するが、時期尚早と考え、日本列島の民俗事象を扱う時に海外の事例を参照したり、引用したりすることは全くと言ってよいほどなかった。

研究は日本列島内で完結することが当然とされた。柳田は、ハレの食物としての餅について、古くは竪杵で作る粢であったのが、横杵の登場によって餅が搗かれるようになり、大きく変化したという説を提示した（福田アジオ『柳田国男の民俗学』吉川弘文館、一九九二年、二一四〜二一九頁）。現在でも定説となっている見解であるが、この見解は日本列島内での粢から餅への展開を考えている。しかし、餅は日本にのみ存在するのではない。中国大陸にも見られる。漢族の年糕（餻）は製法が異なるが、西南中国の少数民族には日本と同じように杵で搗く餅が見られる。粢から餅への転換を日本列島内の用具の発達から解釈することは無理があると言える。日本列島内で基本的に変化し、変遷してきたとする柳田の説は一国民俗学そのものと言ってよいであろう。

一九三三年の民間伝承論の講義、そしてそれに基づいて翌年出された『民間伝承論』では、一国民俗学の成立とその先の世界民俗学の樹立を構想していたが、一九三五年以降の日本の民俗学は一国民俗学の完成のみに関心を集中させ、世界民俗学への展望を完全になくしてしまった。海外、特にヨーロッパの民俗学への関心は持ち続けられたが、文献紹介に止まった。民俗語彙の比較による研究には日本以外の地域を組み込むことは困難であった。

その後、世界民俗学が日本の大陸侵略と結びついて再登場したのは皮肉なことであった。一九四三年から始まった柳田国男の古稀記念事業の一環として、外地民俗学大会と国際共同課題が設定された。外地での民俗学大会は京城（ソウル）、台北、新京（長春）、北京、張家口の五ヵ所での開催を計画した。いずれも日本の植民地か支配下にある所であり、「大東亜共栄圏」での開催計画であった。後者の国際共同課題は「異郷人に対する款待」「祖先に対する考へ方」「結婚道徳」の三項目を研究課題として掲げ、その成果を外地民俗学大会で研究発表するというものであった。この計画は、敗戦が近づき、結局実現せずに終わった。この外地での民俗学大会について柳田がどのように理解し、かつて展望した世界民俗学との関係をどのように考えていたかは明らかでないが、形式の上では一国民俗学から世界民俗学へと踏み出すものであったと言えよう。しかし、それは世界民俗学ではなく、日本が支配する大東亜の民俗学に過ぎなかった。敗戦によって、外地民俗学大会も国際研究課題も雲散霧消した。そして、日本の民俗学は再び一国民俗学に閉じ籠もることとなった（王京『一九三〇、四〇年代の日本民俗学と中国』神奈川大学21世紀COEプログラム研究推進会議、二〇〇八年）。その鎖国状態は、戦前よりもひどいものであった。民俗学はほとんど日本列島以外の地域に関心を示さなくなったのである。

8　遠野からの世界民俗学

『遠野物語』は一九三五年の柳田国男の還暦、言い換えれば日本民俗学講習会開催に合わせて一種の記念品として再版された。それによって民俗学の関係者は容易に『遠野物語』を手にして読むことが可能になった。しかし、その後の民俗学の研究動向において『遠野物語』が重要な文献となることはなかったと言える。民俗学の研究論文のなかで引用されたり、参照されることはほとんどないし、『遠野物語』を検討対象にすることもない。

もしも一九三〇年代に確立し、その後引き継がれた日本の民俗学が『遠野物語』を位置付けるとすれば、世間話の資料集ということになろう。しかし、世間話研究は現代の世間話を取り上げるのが基本であり、『遠野物語』を資料にして検討することはほとんど行われてこなかった。『遠野物語』を取り上げて論じることは、民俗学研究者というよりも、文学系の『遠野物語』研究者や柳田国男論研究者によって行われてきた。

日本の民俗学は行為の民俗学という性格を持ち、昔話・伝説を中心とする欧米流の語りの民俗学として展開しなかった。聞き書きは行為をとらえるための手段であった。ところが、一九八〇年代以降、次第にアメリカ民俗学の影響が見られるようになり、語りを重視する民俗学が顕著になってきた。今までのように行為のみをとらえるのではなく、語りそのものも研究対象とする民俗学が姿を見せるようになった。ここにいたって民俗学は国際性を示すようになったとも言える。

『遠野物語』は、語りを基礎に置いている。そして、当時の研究水準や調査の未発達な状況に規定されているが、一国民俗学として枠をはめず、地名や儀礼をアイヌとの関係で理解しようとし、さらに朝鮮半島の事例にも注目し、またヨーロッパの同様の語りにも注意している。『遠野物語』には一国を超えた比較の視点があったのである。一国民俗学という強い枠組みを示さずに幅広い視野から遠野で語られる不思議な話や出来事を理解しようとしていた。

それだけに、一国民俗学の確立過程で『遠野物語』は忘れられた存在となり、日本における民俗学成立は『後狩詞記』からのコースが選択された。民俗学の世界から『遠野物語』は消えたのは理由があったのである。遠野は民俗学成立の聖地とはなったが、『遠野物語』は祀り上げられた存在であった。

「一国民俗学」への反省が強まるなか、『遠野物語』を再評価し、改めて検討することは意味あることである。その際に世界民俗学という枠組みは必要であろうか。少し冷静になって考えてみれば、世界民俗学という言葉は理解困難な用語である。人文科学や社会科学において世界を冠する学問はほとんどない。世界地理学、世界社会学、世界政治学、世界文化人類学などは存在しない。一国民俗学から世界民俗学へというのが柳田の描いた民俗学発展の方向であったが、世界民俗学の内容も方法も示されなかった。そこで改めて柳田の『民間伝承論』を見てみると、「私たちの所謂一般民俗学、即ち世界のフォクロアの可能性は」という表現を見ることができる（『民間伝承論』三二頁）。世界民俗学というのは一般民俗学のことなのである。空間としての世界ではなく、一国の上位概念としての世界であり、柳田のように、むしろ一般と表現した方が適切と言えよう。

一般理論としての民俗学があり、その下位概念として日本民俗学は存在するという階層性を設定すべきであろう。安易な比較をする比較民俗学が世界民俗学なのではなく、個別地域・地方での研究を総合し、抽象化することで、民俗学の一般的な理論を形成し、それを広く世界各地の民俗学に適応し、また応用することが、今後の民俗学の方向であり、世界民俗学の意味でもある。必然的に閉ざされた一国民俗学は解消される。『遠野物語』の再評価の意義はそこにある。

三　書斎にこめた夢

1　柳田国男の書斎

柳田国男が一九二七年に東京府北多摩郡砧村大字喜多見、現在の東京都世田谷区成城に建てた建物は三〇年間日本の民俗学の開発拠点であった。それが現在長野県飯田市にある飯田市美術博物館の敷地内に移築されている柳田国男館である。この建物は切妻式の二階建てで、外壁に木組がそのまま置かれ、その間を壁土で埋める、いわゆるハーフティンバー様式の洋館建築である。同時に建物の周囲を腰板で囲んでいるのも特色と言える。ハーフティンバーの建物は洋風建築として明治から大正年間に建てられることが多かったようで、柳田国男館もその一つと言ってよいであろう。

柳田国男館の建築物としての特色はハーフティンバー様式という構造外観としてだけではない。内部の空間にも大きな特色がある。それは、建物は総二階建てであるが、その一階のほぼ半分を占める大広間の存在である。大きさは畳敷きに換算すれば四〇畳敷きで、天井を支える四本の柱が広間の中央に据えられており、広間がいかに大きいかを示している。そして、その広間の周囲は、ドアや窓という一部の開口部を除き、すべて床から天井までの高さの固定的な開架書架が設置されている。特色としては、その他にも、二階部分が四部屋並列という間仕切りや当時としては珍しい全館暖房などがあるが、最大

6　柳田国男館

7　柳田国男の書斎（1928 年ごろ）
出典：『柳田国男写真集』岩崎美術社，1981 年，63 頁

の特色はやはりこの広く大きい広間にあると言ってよいであろう。周囲に書架を設えた大広間に柳田国男の夢が秘められていたと考えられる。

柳田国男研究が盛んになるなかでさまざまな問題が検討されてきたが、この書斎については久しく関心が寄せられなかった。柳田国男についての最も早い伝記的記述の牧田茂『柳田国男』（中央公論社、一九七二年）も、住居が牛込区市ヶ谷加賀町から移転したことを見出しにわざわざ「加賀町から砧村へ」としながら、建物自体については何も記述していない。成城の家には多くの人々が訪ねてきたことは紹介しているが、その応接をする空間については触れていない。出版人として交流した人々を回顧した岡茂雄『本屋風情』（平凡社、一九七四年）も、新築当時の柳田国男邸という写真を掲載し、「柳田邸は瓦葺ではあるが、甲州の切妻農家風の、ちょっと気の利いた二階建て」（七六頁）と紹介するが、その内部の間仕切りについては何も記

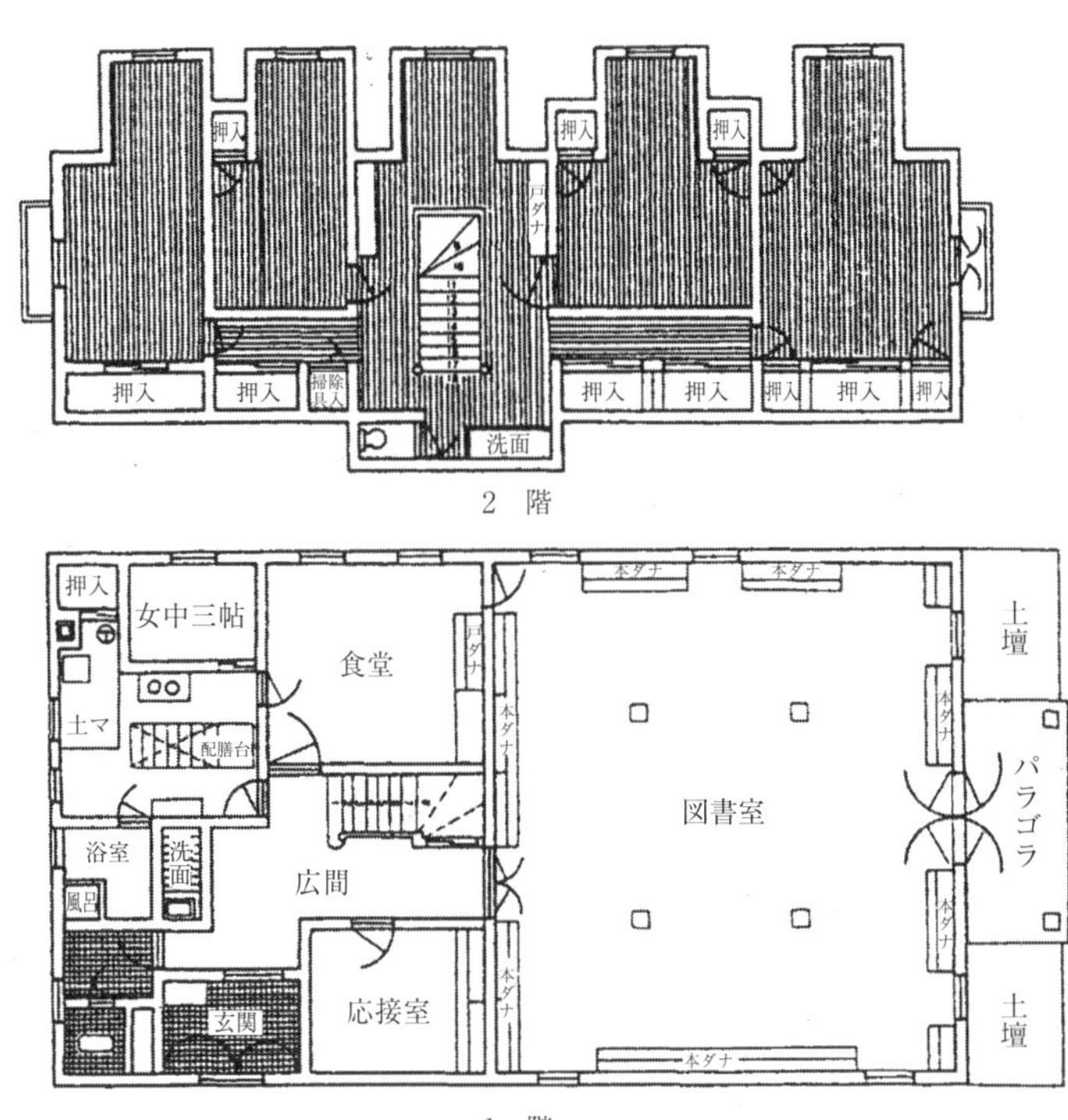

8　書斎の間取り
出典：柳田為正『父柳田国男を想う』筑摩書房，1996 年，95 頁

載していない。そのなかで、そこで暮らした柳田国男の長男である柳田為正が思い出を「父と蔵書」（『学燈』七二巻七号、一九七五年）として執筆しており、内部の間取りについても紹介していた。しかし、しばらくの間は、この為正の紹介内容は関心を呼ばなかった。その内部を取り上げたのは、大部で詳細な柳田国男の伝記である柳田国男研究会編『柳田国男伝』（三一書房、一九八八年）である。成城の新居への移転を記

すなかで、その建物について、「新住居は南北に長い長方形の二階建て木造洋館である。階下の南側半分を占める四十帖ばかりの大部屋が柳田の仕事部屋兼書斎という、ほとんど図書館に宿泊施設を付けたような風変わりな建物であった。柳田は、その書斎の四囲の壁面を床から天井まですべて大きな書棚で覆った」と紹介した。この記述の見出しを「喜談書屋(きたんしょおく)の生活」（七五三頁）とし、本文でも柳田国男がそのように名付けたとしていることが注目される。

柳田国男の書斎が広く知られるようになるのは、成城から飯田に移築されたことが大きな契機であった。一九八六年に柳田為正夫妻から飯田市に寄贈され、一九八八年四月に飯田市美術博物館に移築され、翌年に「柳田国男館」として公開され、またここを活動の場とする柳田国男記念伊那民俗学研究所が設立された。研究所は早速紀要として『伊那民俗研究』を創刊した。その創刊号（一九九〇年）の巻頭に柳田国男館の写真を掲げ、所長である後藤総一郎が解説を執筆した。この解説文がその後大きな影響を与えることになった。やや長文であるが、以下に引用しておこう。

いうまでもなく、この館は、日本民俗学の創始者である柳田国男が、一九二七年（昭和二年）、当時の東京府北多摩郡砧村（現在の世田谷区成城）に、先年スイス滞在中に訪れた、フレーザーの大書斎に学んで「完全なる文庫」を志して新築された、ハーフ・ティンバー（半木造）の、四十坪の大書斎を中心とした、二階建のべ八十坪の建物である。

自ら「喜談書屋(きたんしょおく)」と呼んだこの「書屋」から、柳田国男の著作の大半が産み出され、一方、若き民俗学徒との講演会、研究会、月例会が開かれ、さらに戦後一時、日本民俗学研究所(ママ)ともなった。

まさに日本民俗学研究の「土俵」とされた館である。

高弟折口信夫をはじめとする多くの民俗学者や全国にまたがる地方郷土史家が育成されたのも、この「書屋」であった。まことに、日本民俗学発酵の「母屋」であったといえよう。（後藤総一郎「口絵解説柳田国男館」『伊那民俗研究』創刊号、一九九〇年）

今回検討するのは、この後藤総一郎の解説を出発点として広く流布することになった、柳田国男の書斎はフレーザーの書斎に学んで建てられたという説についてである。

2　書斎建築をめぐる謎

本論に入る前に、この建物の位置付けに関する問題点を二、三検討しておこう。

一番目は、この建物を設計したのは誰かという問題である。長男柳田為正によれば、「当時数寄屋橋畔に朝日新聞社屋の大仕事を手がけたばかりの、大沢という手堅い建築家におたのみしたときいている」（柳田為正「父と蔵書」『父柳田国男を想う』筑摩書房、一九九六年、八一頁）と述べたことを最初に、何回か大沢という建築家の設計だとしている。この大沢という建築家は数寄屋橋間近に建てられた朝日新聞社屋の建築に従事した人物だと紹介し、別の機会には、大沢某を「朝日社屋の建築を請け負った竹中組の関係の大沢さんという建築士」（柳田為正「砧村住まい三十五春秋」一九九四年。前掲『父柳田国男を想う』一一一頁）とも記している。大沢某の設計施工だとするのは柳田為正の記憶によるもので、その具体的な存在についてはわかっていない。

大沢某を具体的に大沢三之助だという説が出されている。この説を最初に出したのは誰か確認できないが、国登録有形文化財に登録された際の飯田市での説明文に「当時イギリスの民家風（イングリッシュ・コッテージ）に精通していた建築家として大沢三之助（一八六七〜一九四五）が知られており、大沢は民家研究の業績で知られる今和次郎（一八八八〜一九七三）が在籍した東京美術学校で教鞭を執っていましたし、また、一九一七年には柳田国男、今和次郎らの『白茅会（はくぼうかい）』が作られていて、こうした関係から前述の大沢某は大沢三之助と考えられます」（『柳田国男館の概要（登録の答申平成二八年七月十五日）』二〇一六年、一頁）としている。柳田国男が大沢三之助と知り合いであった可能性は否定できない。

しかし、柳田為正は大沢某として、名前を記さず、朝日新聞社屋の建築設計施工に関わった関係者として記述し、さらに具体的には朝日新聞社屋の建築にあたった竹中組の人物としていることを無視することはできないであろう。言うまでもなく、柳田国男は一九一九年末に貴族院書記官長を辞任して、「下野」し、翌年朝日新聞社に入社し、一九二七年の書斎建設当時も朝日新聞社に勤めていた。朝日新聞社屋は関東大震災で焼失し、それを移転新築した。その建築施工したのは竹中工務店であり、設計は竹中工務店の社員であった若手建築家の石本喜久治であった（竹中工務店のホームページ、石本建築事務所のホームページ参照）。一九二七年三月に朝日新聞東京本社が竣工し、移転した。柳田国男が書斎を建てている時期は朝日新聞社屋の完成した直後であり、柳田為正が朝日新聞社屋建設関係の建築士だとすることにはそれなりの説得力があると言えよう。しかも社屋建築を行った竹中工務店関係者であるとも述べているのである。勤務先の朝日新聞社の関係者から竹中工務店を紹介して貰い、そのつてで適切な建築士を教えて貰い、依頼することになったものと推測してよいであろう。したがって、大沢某は柳田国男と直接の交友関係があったわけではなかったものと推測される。

次に問題になるのは、大沢某が大沢三之助のことと言えるかどうかという点である。このことを直接立証する資料はない。先に紹介した『柳田国男館の概要』は、民俗建築の研究者である今和次郎を媒介に設定し、大沢三之助が今和次郎の出身校である東京美術学校で教鞭をとっていたということを根拠に、大沢某を大沢三之助と推定している。確かに今和次郎は民家建築の研究会である白茅会を柳田と共に組織し活動し、一九一八年には有名な内郷村の共同調査で柳田国男と共に重要な役割を果たした。しかし今和次郎と大沢三之助を結び付ける事項は発見できない。大沢三之助が白茅会に参加していたということもないようである。接点があるとすれば、大沢三之助が一九二〇年に東京美術学校講師を嘱託され、建築装飾法を担当し、さらに一九二三年には東京美術学校図按科第二部が建築科となり、そこでいくつかの科目を担当している（上山陽子編「大沢三之助年譜」、練馬区立美術館『芸術家の家大沢昌助と父三之助展』二〇一〇年）。他方、今和次郎も一九一九年に東京美術学校の講師を委嘱され、図按科で住居学、西洋文様史の講義を担当した（「今和次郎年譜」『日本民俗文

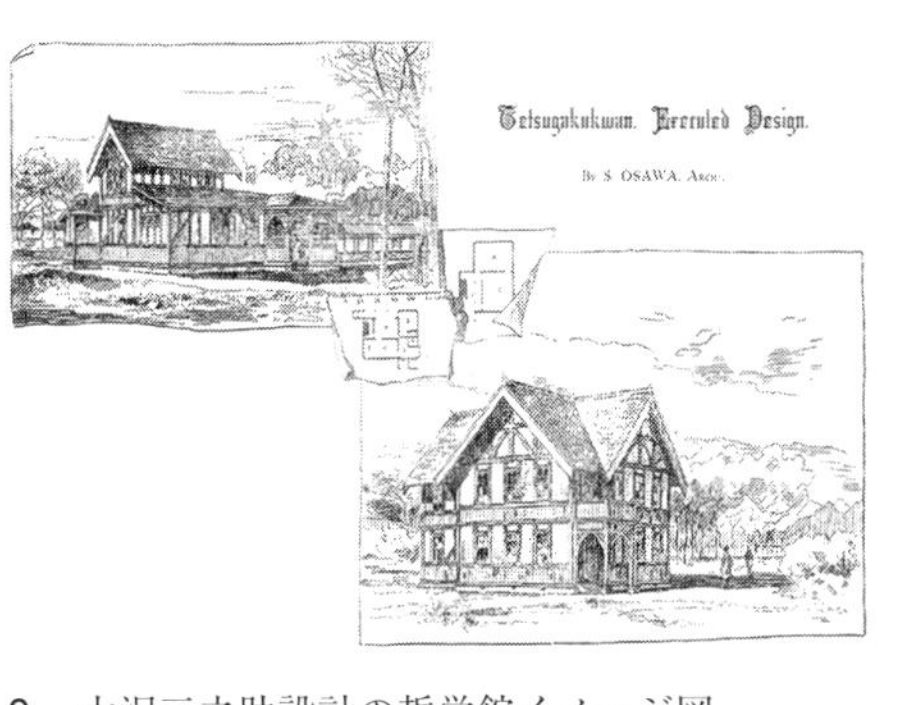

9　大沢三之助設計の哲学館イメージ図
出典：『芸術の家大沢昌助と父三之助展』練馬区立美術館，2010 年，24 頁

化大系』七巻、一九七八年）。したがって、同じ時期に東京美術学校で教えており、その点では交流があったことは十分に考えられるが、柳田国男が今和次郎を介して大沢三之助に建築設計を依頼したということを証するものではない。しかも、この時期には二人の関係は疎遠になっていた。白茅会や内郷村調査で親しかった二人であるが、今は一九二三年の関東大震災後のバラック建築の調査を始めた。さらに二五年には東京銀座の街頭を行く歩行者の調査を行い「東京銀座風俗記録」として発表し、それを発展させて考現学を提唱した。これらは柳田国男の民俗学とは大きく異なるもので、今は柳田から「破門」されることとなった。そのような状況で、自負心の強い柳田が今に建築士の紹介を頼むことは考えられない。大沢某が大沢三之助である可能性は非常に低いと言える。

しかし、大沢某が大沢三之助であることを完全に否定することもできない。柳田国男の書斎がハーフティンバー様式の建物であるからである。大沢三之助は一八九八年に前年に火災で焼失した東京江古田（えごた）の哲学館の再建の建築設計を行っている。その設計図は『建築雑誌』に掲載されており、またその建てられた建物の写真やイメージ図も残っている（前掲『芸術家の家大沢昌助と父三之助展』二四頁）。それによれば、哲学館はハーフティンバー様式であり、周囲に腰板を巡らしている。その外観は柳田国男の書斎と非常によく似ていると言ってよい。問題となるのは、柳田為正が設計した建築士は朝日新聞社の設計施工を担当した竹中工務店の大沢としている点である。現在のところ、大沢三之助と竹中工務店、あるいは朝日新聞社を結び付ける材料は見つからない。

この書斎について柳田国男自身が語ることはほとんどなかった。砧村や成城学園については書くことがあっても、自宅について触れることはなかった。この大広間をもつ建物を柳田国男は「喜談書屋」と名付けたと言うが、この名称は柳田国男の記述から見つけることはできない。「喜談書屋」と呼んだというのは、柳田為正の文章によって知られるのである。柳田為正は一九八七年に発表した「『喜談書屋』の思い出」という文章の書き出しで「『喜談書屋』父国男が昭和二年九月、現在の世田谷区成城六丁目の一画に新営の屋舎を、ひと頃自ら戯れに呼んだ私的屋号である」（柳田為正「『喜談書屋』の思い出」一九八七年。前掲『父柳田国男を想う』八九頁）と記した。ここからこの建物を「喜談書屋」と呼ぶことが始まり、移築された飯田市においても柳田国男館のことを喜談書屋として紹介している。『柳田国男伝』でも喜談書屋という名称を柳田国男が使用していたかのような紹介がなされた。そのことに危惧を覚えたのは、喜談書屋という呼称を最初に紹介した柳田為正自身であったと思われる。一九九四年に執筆した「砧村住まい三十五春秋」においてわざわざ「『喜談書屋』などの呼び名は、父の一時の戯れで自他ともに常用ということはありませんでした」（前掲『父柳田国男を想う』一一一〜一一二頁）と断ったのである。したがって柳田国男の建てた建物を喜談書屋という名称で呼ぶことは適切とは言えない。

3　フレーザーの書斎がモデルか

次に、本稿の課題である、この特色ある柳田国男の書斎兼住宅がイギリスのＪ・Ｇ・フレーザーの書斎にならって建てられたという説を検討したい。この説を最も早く述べたのは先に紹介した後藤総一郎の「口絵解説」である。これと同様の説明は柳田国男館の解説リーフレットでも行われてきた。また後藤総一郎編『柳田国男をよむ』（アテネ書房、一九九五年）でもなされ、さらに野村純一・三浦佑之他編『柳田国男事典』（勉誠出版、一九九八年）の「書斎」の項目においても、柳田国男館のパンフレットの文章を引用してフレーザーの書斎にならって建てられたと解説している（牧田茂「書斎」、同書六五一頁）。これらによって柳田国男の書斎はフレーザーの書斎にならって建てられたという説が通説化したと言ってよい。しかし、この建物とフレーザーとの関係を建て主の柳田国男自身は何も語っていない。長男の為正もその点には全く触れていない。これはあくまでも後藤総一郎の推論で述べられたことであった。

柳田国男の書斎がフレーザーの書斎にならったものという説を改めて取り上げたのは岡村民夫であった。岡村は『柳田国男のスイス―渡欧経験と一国民俗学―』（森話社、二〇一三年）で、自己のスイスでの調査を基礎に置き、柳田国男の書斎がどこの建物をモデルにして建てられたかを検討した。柳田国男がスイスのジュネーヴ滞在中に住んだ場所を確定し、柳田は三回も住まいを移しているが、いずれもシャンペルと呼ばれる地区であり、そこはジュネーヴ南郊の静かな住宅地だったと言う。そして、帰国後の生活拠点となった成城の書斎を検討する。岡村はジュネーヴのシャンペルと東京の成城学園の共通性を見出し、「柳田の成城移住は、長男の通学の便宜と書庫の確保という動機によるばかりではなく、ジュネーヴでの郊外生活を踏まえたライフスタイルの創造という能動的動機によると考えるべきであろう」（二六一頁）とした。そして、具体的な建物について検討する。建物については、柳田がイギリスを旅行した際に訪れたウィンチェスターで民家を見た経験が生かされているかも知れないとした。しかし、断定はしていない。むしろ、岡村の記述はジュネーヴ郊外のシャンペルとの関係を示唆している。その上で、フレーザーとの関係を取り上げて検討した。

この際、注意すべきことは建物そのものではなく、内部の大広間（これを岡村は書庫と表現する）とフレーザーの書庫との関係である。その前提は、『柳田国男事典』の「書斎」の記述である。岡村はそれを「設計は、ジェイムズ・フレイザーの書庫を参考にしたらしい（『柳田国男事典』六五一頁）」と記している。すでにフレーザー書斎説は通説化していることがわかる。そして二、三の材料から、柳田国男がフレーザーに会ったということを述べ、柳田自身がフレーザーの書斎を実際に見ていることを示唆している。しかしこれも断定はしていない。フレーザーに会ったとしても、どこで会ったのかは明確にはされていない。ロンドンで会ったのか、ロンドンのフレーザーの自宅を訪れて会ったのか、それともジュネーヴで会ったのかは記されていない。これはそれまでも頭を悩ませてきた問題である。後藤総一郎が会ったとしたことから始まる問題であった。

フレーザーに会ったことがあるということと、フレーザーの書斎を訪れたということは同じではない。まず柳田国男はフレーザーに会ったことがあるかどうかを検討し、次いでフレーザーの書斎を訪れたことがあるかどうかを追究するのが順序であろう。柳田国男とフレーザーの関係については佐伯有清が『柳田国男と古代史』（吉川弘文館、一九八八年）で詳しく検討している。柳田がフレーザーの著書を知り、それを読んだのは南方熊楠の教示によってであったことを明らかにすると共に、後にはそのことを柳田が隠したため柳田とフレーザーの関係が不明確になったと指摘した。そして、柳田とフレーザーの直接的関係を検討した。その検討する節「フレーザーとの面会」を「棚田国男は、イギリスでフレーザーと面談したことについて、自分から一言もふれたことがない。これはどういうわけなのであろうか」（二二六頁）と始めている。フレーザーは世界的に有名な研究者であり、柳田もフレーザーの著作にしばしば言及しているにもかかわらず、イギリスでフレーザーに会ったことについてふれていない。しかし、佐伯は柳田がフレーザーと会っていると判断した。それは二つの証言からであった。一つは市河三喜が「ジェームズ・フレーザーのゴールデンバウ（金枝篇）は十二冊の大著であるが、これを全部通読され、イギリスでは著者とも会談した」（市河三喜「柳田先生と私」『定本柳田国男集月報二』筑摩書房、一九六二年）と記していることであり、他の一つは『金枝篇』を訳出した永橋卓介が「解説」のなかで次のように述べていることである。

日本の民俗学の祖といわれる柳田国男が果たして本書からどんな影響をうけたのかわからないが（というのは筆者がこの訳の出版について相談したとき彼は格別の関心を示さなかった）、彼が十三巻からなる決定版を通読したことは事実であり、彼が一度フレイザーを訪問したこともフレイザー自身の口から聞いて筆者は知っている。（永橋卓介「解説」、フレイザー『金枝篇』五、岩波書店、一九五二年、一四五〜一四六頁）

市河三喜の柳田がフレーザーに会ったという記述は岡村も紹介し、一つの根拠になっている。しかし、永橋の文章を一読した後に市河の文を見ると、市河の記述は永橋の文章に依存していることがわかる。市河のフレーザーに会ったという文章は永橋の受け売りであり、証言ではないと言わざるをえない。永橋の文を読んだ結果として書いていることは間違いない。したがって、柳田がフレーザーに会ったという証言は永橋の文のみとなる。永橋はフレーザーに何回も面談しているので、フレーザーから直接聞いたということも信憑性が高い。柳田国男はフレーザーに会ったことがあるとしても間違いないであろう。

それではフレーザーにどこで会ったのであろうか。柳田の成城の書斎のモデルとなるフレーザーの自宅書斎で会ったのであろうか。もし会うとすれば、柳田のヨーロッパ滞在中であるから、一九二一年から一九二三年の間ということになる。この三年の間に柳田はフレーザーに会う機会があったとすれば、いつか、その当時のフレーザーはどこに暮らしていたのか。従来、各種の文章で無意識に「フレイザー邸」と書かれてきたが、それは正しいのであろうか。これまではフレーザーの伝記的事実は必ずしも明白ではなかった。一九八七年に出されたロバート・アッカーマンの『〈評伝〉J・G・フレイザー』が日本語に翻訳されて出版されたのは二〇〇九年のことであった（ロバート・アッカーマン、小松和彦・玉井暲監訳『〈評伝〉J・G・フレイザー』法藏館、二〇〇九年）。この大部な評伝が登場したことにより、フレーザーの人生も具体的かつ詳細にわかるようになった。それによって、フレーザーの三年間の動きを、柳田国男の動向と対比できるように整理すれば以下の通りである。フレーザーの記録は前掲『〈評伝〉J・G・フレイザー』の記載による。柳田国男の記録は前掲『柳田国男伝』の別冊付録『年譜』による。

フレーザー

一九一四年六月　ロンドンのミドル・テンプル法学院の宿舎に居住。三階の四部屋＋書斎（一九二二年八月までの八年間）。

柳田国男

一九二一年五月八日　横浜から出港しジュネーヴに赴任。

六月二〇日　パリ到着。

一九二二年八月　法学院を出て、一年間ホテル暮らし。イギリス、フランス、ヨーロッパ各地を巡る。

一九二四年一月　ケンブリッジのヒルズロードに家を新築し、そこに住む。七月新築の家を売却。

一九二五年一〇月　ロンドンの「アン女王の館」と呼ばれるアパートに居住（三年間）。

一九二二年五月七日　神戸出発。
六月二六日　ジュネーヴ着。
九月六日～一五日　ドイツ・オランダ旅行。
一〇月六日～二〇日　イギリス旅行。

一九二三年一月一八日～三月一〇日、三月三〇日～四月一七日　イタリア旅行。
四月一一日～一七日　ウィーン、ミュンヘン旅行。
八月一二日～二一日　ドイツ旅行。
八月三〇日　ロンドン到着。
九月二九日　ロンドン出発、アメリカ経由で帰国。
一一月八日　横浜着。

七月一一日　ジュネーヴ到着。
一〇月二五日　マルセイユから帰国の途につく。
一二月八日　神戸着。

一九二七年九月　成城に書斎兼住居を新築。

このように二人の行動記録を対比してみると、注目すべき点が浮かび上がってくる。柳田国男がもしもジュネーヴかフランス、ドイツ、イタリアのどこかでフレーザーに会っていたとすれば、一九二二年の夏からのフレーザーのヨーロッパ旅行中だった可能性がある。イギリスで会ったとしても同様である。柳田国男がロンドンに旅して滞在したのは一九二二年一〇月に二週間、そして任地ジュネーヴを離れて帰国する際の二三年九月の一ヵ月である。この時期のフレーザーはイギリスおよびヨーロッパ各地を旅行中であった。

柳田国男の一九二二年から二三年にかけての二回目のジュネーヴ滞在とその間の旅行については、彼自身の『瑞西(スイス)日記』(『定本柳田国男集』三巻、一九六三年)によって知ることができる。日記には毎日さまざまな人と面談し、また同行したりしていることが記録されている。ロンドン滞在中にはロバートソン・スコットに会い、彼と共に近郊に出かけたことも記されている。また、各地への旅行でもさまざまな人に会っていることを記している。しかし、日記のなかにフレーザーの名前は発見できない。当時の日記だけでなく、『故郷七十年』(一九五九年)という回顧録でもフレーザーは登場しない。柳田国男がフレーザーに会ったことがあるというのは極めて怪しいということになる。ところが、ただ一ヵ所柳田国男がフレーザーに会ったことがあると示唆した文章がある。それは後に検討するフレーザーの研究条件を紹介した文章で、「自分は曾(かつ)て故坪井教授から、右のフレーザー先生の噂を聴いたことがある。後に瑞西で御目にかゝつた時にも成程と思つた」(柳田国男「Ethnology とは何か」一九二六年、『青年と学問』所収、一九二八年。『定本柳田国男集』二五巻、一九六四年、二三五頁)と述べているのである。この記述を信じれば、柳田国男はジュネーヴ赴任中に、ヨーロッパ各地を旅していたフレーザーに会っていたことになる。謎の多い問題であり、確定的には言えないが、先の永橋の証言と併せれば、やはり柳田国男はフレーザーに会ったことがあると推測して間違いないであろう。

柳田国男がフレーザーに会ったのはロンドンではなかった。フレーザーの旅の途次に会ったのである。それは恐らくジュネーヴであろう。しかも当時はフレーザー邸などなかったのである。フレーザーと柳田国男の対比で分かるように、柳田国男がジュネーヴに赴任していた時期のうち、第一回赴任の一九二一年はフレーザーがロンドンのミドル・テンプル法学院の宿舎に居住していた。宿舎の三階で四部屋と別に書斎がある大きな空間であつたが、一戸建ての住まいではなかった。そして柳田の二回目の赴任の時期は、フレーザーはあちこちを移動して歩く旅の世界にあった。フレーザーがケンブリッジに独立した建物の自宅を持つのは一九二四年一月のことであったが、ここに住んだのはわずかに半年間であった。したがって、柳田国男の書斎はフレーザー邸にならって設計され建てられたと言うことはできない。モデルとなるフレーザー邸は存在しなかったのである。

4　書斎とイギリスの農家建築

柳田国男の書斎はハーフティンバー様式の建物である。明らかに洋風建築である。晩年、柳田は自分の住まいの写真を雑誌に掲載するに際し、その解説を述べているが、そこでは建物の由来を次のように語っている。

昭和二年四月小田急線開通と同時にこの成城町に移つてきた。当時は全部で五十戸ぐらゐしかなかつたろう。今は千五百軒もあるだらうか。随分発展したものである。爾来三十年、信州地方の民家を模して自分で設計した建物に住んでゐたが、今年の一月、同じ敷地内に離れを建てて、老妻と二人移り住んでゐる。（「〈日本の碩学〉柳田国男」『新潮』五三巻一一号グラビア、一九五六年。『柳田国男全集』三二巻、二〇〇四年、一六四頁。なお、この一文を発見し、広く紹介してくれたのは岡村民夫前掲『柳田国男のスイス』である。同、二六二頁参照）

確かに、長野県には切妻で、その妻側を正面にし、妻入りを特色とする、本棟造りと呼ばれる建物が少なくない。柳田の建てた書斎も、南側から見れば、幾分かはそれに近い印象を受ける。しかし、本棟造りではない。総二階建てで、煙突が備えられ、屋根には突き出し窓が設けられている洋館建築である。この柳田の発言は建築当時の事実を正しく思い出していないと言うべきであろうが、建てるにあたって長野県に多く見られる本棟造りをイメージの一部にしたということであろう。

フレーザー邸がモデルでなければ、柳田国男はどこの建物をモデルにして設計したのであろうか。柳田はそれについて述べることはなく、晩年には上述のように、長野県の民家建築を模して建てたとさえ言っている。岡村民夫は、柳田が赴任した折に住んだジュネーヴ郊外のシャンペルの雰囲気を成城で再現しようとしたとしつつも、またイギリス訪問時に訪れ、民家を見て歩いたウインチェスターに注目している（岡村民夫前掲『柳田国男のスイス』二六三頁）。ハーフティンバー様式の農家建築はイギリスに限られたものではなく、西ヨーロッパ各地に見られる。逆にイギリスでも全面的にどこでも見られるもので

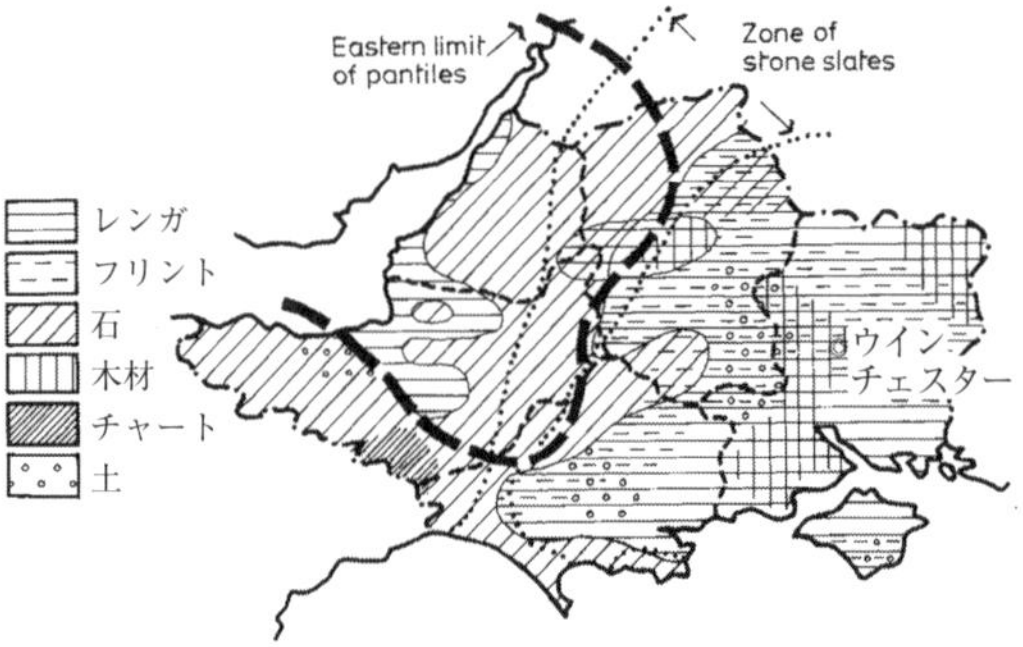

10　イングランドSW地区の建築材
出典：John and Jane PENOYRE 1978 p34に日本語加筆

はなく、特定の地方で顕著な存在である。柳田がイギリス滞在中に訪れた地方は多くない。専らロンドンで過ごしている。そのなかで地方の民家を見て歩いたと日記に明記しているのがウインチェスター訪問である。日記には次のように記されている。

> 十月十一日　水よう
> スコット君と二人、ウインチェスターに行く。好晴。
> ウォータールー停車場にて田口君に逢ふ。
> 州の役所及び弁護士コネリングスを訪ふ。大地主ジャッドに逢ひ、同行して田舎をあるく。野兎や色々の小鳥が遊んで居る。多くの民家を見てあるく。
> 六時半ロンドン帰着。二人で支那料理に行く。（柳田国男「瑞西日記」『定本柳田国男集』三巻、一九六三年、二八五頁）

ウインチェスターの郊外を訪れ、民家を見て歩いたと記しているが、その民家については印象も感想も書いていない。ウインチェスターは、ロンドンから西南へ一〇〇キロメートルほどで、ＳＷ（南西）地区のハンプシャー州にある町である。イギリスの民家建築の分布を紹介した書物によれば、その周辺地域の建築はレンガ造り、フリント造り、それに木造建築が混在している。しかし、木造建築は多くなく、この地方の代表的な民家として掲げられた写真や挿絵にはハーフティンバー様式は見られない(John and Jane PENOYRE, *HOUSES IN THE LANDSCAPE A Regional Study of Vernacular Building Styles in England and Wales* 1978, pp34-49 および掲載地図)。柳田国男が訪れたときも今と大きくは変わらなかったものと思われる。したがって柳田はウインチェスター近郊でハーフティンバーの建物を見て、それをモデルにしたとすることはできない。イギリスで木造建築が広く分布し、ハーフティンバー様式が見られるのは、SWの西北になるWC地区である。同書もこの地区についてはハーフティンバーと思われるブラックアンドホワイト建築の多いことを紹介し、スケッチ画や写真を掲げている(John and Jane PENOYRE 前掲書)。したがって、柳田国男は特定の地方の特定の家屋をモデルにして自分の書斎を設計したのではなく、イギリス滞在中、あるいは西ヨーロッパ旅行中に見たり、書物を通して知ったハーフティンバー様式に魅了された結果、建築士にそのような建物の設計を依頼したと解するべきであろう。

それでは建物内部の中心部を占める大広間とその周囲に天井までめぐらした書架はどうであろうか。大広間の書斎はフレーザーの書斎にならって造られたという可能性を検討しよう。フレーザーは一九一四年から一九二二年までの八年間ロンドンのミドル・テンプル法学院の宿舎で暮らした。宿舎の三階に四部屋を占めていたが、後には書斎が加えられたという。この書斎について具体的に紹介したものはない。書斎の広さも内部の設えもはっきりしない。柳田国男がこの書斎を訪れたことは考えられないので、誰かに教えて貰わなければその様子を知ることはできない。フレーザーの書斎を訪れ、その姿を実際に見て、柳田国男に教えた人物を書斎を建てた一九二七年以前に想定することはできない。柳田国男の大広間と言うべき書斎はフレーザーの書斎から学んだとか書斎にならったとかいうことは無理であろう。

11　イングランドWC地区ウスターシャーの大きな白黒の農家
出典：John and Jane PENOYRE 1978 p98

12　イングランドWC地区の民家建築
出典：John and Jane PENOYRE 1978 付図

5 柳田国男の夢

最初に紹介したように、後藤総一郎が、柳田国男の建てた書斎を、「先年スイス滞在中に訪れた、フレーザーの大書斎に学んで『完全なる文庫』を志して新築された、ハーフ・ティンバー（半木造）の、四十坪の大書斎を中心とした、二階建のべ八十坪の建物である」とした。後藤のこのような表現はどこから出て来たのであろうか。眼目は「完全なる文庫」という表現にある。この表現は柳田国男の文章の中にあり、後藤はそれを引用して用いたのである。それは「Ethnology とは何か」でフレーザーの研究の特色を紹介し、さらに研究条件が如何に優れたものであるかを坪井正五郎から聞いた噂話として述べている箇所である。以下の通りである。

自分は曽て故坪井教授から、右のフレーザー先生の噂を聴いたことがある。後に瑞西で御目にかゝつた時にも成程と思つた。此先生は日本の民間の学者等が一つもつて居ても羨まれてよいものを、四つまでも兼ね有して居る。四つといふのは第一に完全なる文庫、第二には優秀なる助手の数名、三には良き細君四には金である。有名な Golden Bough 金枝篇が、中二十年を隔て、三版を重ね分量を五六倍にし、索引と引用書目のみで厖然(ぼうぜん)たる一大冊を為すに至つたのも、第三以下は兎に角、他の二つの条件の具はつて居た為と言つて宜しい。（柳田国男前掲「Ethnology とは何か」『定本柳田国男集』二五巻、二三五頁）

後藤が「完全なる文庫」と表現したのはこの一文に拠っていることは明白である。そして「完全なる文庫」を実際の書斎の規模や設えに直結させて解してしまった。そこに問題が生じたと言える。

柳田国男の「Ethnology とは何か」は講演原稿で、一九二六年五月の文話会という所での講演であった。まさに自分の書斎を建てようと構想を練っていた時期と言える。それまでの加賀町の義父の家では書籍の置き場にも困り、客の応接にも苦労するというような窮屈な思いで過ごしていた柳田が自分の理想とする書斎を建て、本格的に研究をしようとした。書物を一部屋に置き、すべての本の背文字が見えるように配架し、必要な書物をすぐに引き出すことができる研究室にしたいという思いがあり、また柳田を訪ねてくる人たちとゆっくりと面談できる広い空間がほしいという希望があったと推測できる。フレーザーの書庫の大きさや設えを知っていたわけではなかった。理念として研究が思う存分できる書斎を求めていたのである。具体的なフレーザーの書庫ではなく、自分が描く理想の書斎を建てようとした。抽象的なレベルで、フレーザー同様の「完全なる文庫」を目指したと解すべきであろう。

坪井正五郎から聞いたフレーザーの研究条件は柳田国男に大きな影響を与えたと考えられる。坪井があげたフレーザーの四つの研究条件は①完全なる文庫、②優秀なる助手、③良き妻、④潤沢な資金、の四つである。そして③④はともかく、①と②がフレーザーの巨大な研究成果を作ったとしている。このことに注目しなければならないであろう。広く知られているように、柳田国男は新築なった成城の家に移り住んだ際に、二人の書生を採用して、住まわせた。一人は岡正雄であり、もう一人は野沢虎雄であった。個性の強い岡正雄を同居させたのは、すでに柳田のもとに出入りし、雑誌『民族』の刊行にあたっても中心的な役割を果たして能力を遺憾なく発揮していた岡を高く評価し、優れた助手として期待したからであったろう。野沢をわざわざ長野県から呼び出して同居させた。一九二七年に長野県上伊那郡東箕輪村の小学校で講演した時、野沢が柳田に面会を求めてきて、話をする中で大変気に入り、宿まで伴って一晩話をしたが、その場で成城の家に来るように誘ったという（野沢虎雄「柳田国男との出会い」『柳田国男研究』七号、一九七四年）。成城の家は柳田国男、為正の親子に岡正雄、野沢虎雄という書生二人の男性四人が暮らし、柳田国男の妻や娘たちは加賀町に住んだ。朝日新聞社は加賀町からがはるかに近いのに、柳田国男は成城からはるばると通勤した。フレーザーが大著を完成させることができたのは完全なる文庫だけでなく、優秀な助手の存在があると聞いていた柳田国男が、それを具体化したのが成城での書斎建築であった。「完全なる文庫」の確保だけでなく、「優秀なる助手」を置くことも大きな目的だったと考えるべきであろう。

ところがこの理想とした生活はわずか一年で終わった。柳田国男と岡正雄、野沢虎雄の間の緊張関係が大きくなり、二人とも家を出たのである。岡が柳田国男のもとを「脱走」したのは一九二八年の九月であった（岡正雄「柳田国男との出会い」『柳田国男研究』一号、一九七三年）。野沢虎雄も相前後して柳田のもとを去って郷里に戻った。結果としての完全なる書斎が残った。四周に書棚をめぐらした広大な広間とも言うべき書斎である。柳田は改めてこれを活用した研究体制を作り上げていった。すなわち、サロンとしての書斎、教室としての書斎、そして研究室としての書斎である。まず、サロンとしての書斎、すなわち多くの来客を迎える書斎であるが、さらには柳田に教えを乞う若き人々が訪れ、柳田の指導を受け、書斎の蔵書を閲覧した。加賀町では遠慮していた人々が次々と訪れた。それが転居と同時に始まっていたことは、転居一ヵ月半後の書簡に次のように書かれていることで判明する。

御近状如何に候哉伺上候（中略）

今度は自分の事ばかり申上御許容被下度候　昨月初より此所に引うつり始めて十分の野外秋色を味ひ候と共に始めて是が老境と申ものなることを意識いたし候　若い諸君の来つて書を読むもの折々有之又同人とも名くべきもの日曜には沢山集まり自由なる話をいたしをり候が何分男世帯にてをかしきことのみ多く候　一度此様子御目にかけ度存候　今一棟だけ小家を建て自由に貴兄のやうな方々の御来宿の出来るやうに致度本意なれども　ともすれば財政紊乱し未だ政策を実現する能はず候　草々不一（一九二七年一〇月一七日付け胡桃沢勘内宛て柳田国男書簡、『定本柳田国男集』別巻四、一九六四年、五二七頁）

賑やかに人々が集まる様子を誇るかのように述べ、さらに遠方から来る人のために宿泊用の棟を建てたいとまで言っている。これが柳田にとっての「完全なる文庫」の意味であった。そしてこの延長線上に第二の教室としての書斎が登場した。一九三三年九月からここで「民間伝承論」の講義を行った。その講義の終了後は受講者を中心とした柳田国男の門弟たちが研究発表を行う木曜会の会場となった。フレーザーの研究条件の②に対応する「優秀なる助手」については失敗したが、「完全なる文庫」の計画は成功したと言うべきであろう。「完全なる文庫」という後藤総一郎の書斎の解説は卓見であったが、ただそれをフレーザーの書斎に結びつけすぎたことによつて間違った説明を流布させてしまったと言える。

四 「山村調査」にみる研究の深化

1 民俗学の確立と「山村調査」

日本における民俗学の確立期をいつに求めるかについては諸説があろうが、その中で最も有力な考え方は一九三〇年代の前半をもって画期とする説であろう。いうまでもなく、日本の民俗学の研究史はほとんど完全に柳田国男の年譜に対応している。柳田の個人的努力によって民俗学はその姿を次第に明確にしてきたのである。それは一九三四年刊行の『民間伝承論』(共立社)、翌三五年の『国史と民俗学』(岩波書店)、『郷土生活の研究法』(刀江書院)という、三つの理論書として集中的に示されており、これらによって日本民俗学の一九三〇年代前半確立説は大きく根拠づけられていると言ってよい。この時期に民俗学は一定の対象と方法をもった科学として完成したのであるが、それを支える学問の社会的姿もこの期に確定したのである。

一九四一年に柳田国男は「朝日賞」を受賞したが、その記念講演「民俗学の三十年」で次のようなことを述べている。

日本民俗学の主たる根拠は、何びとにも何度でも、存在を確めて見ることの出来る社会現象、即ち目の前の生活事実の集積でありまして、是はもう五十年も前から、多くの人によって注意せられ記

> 録せられて居ましたが、それが多くは雑誌類であつて、分散して居て捜し出すのもむつかしく、其皆が皆確実であるかどうかがわかりません。故に私はその排列と分類比較、索引によつて容易に見つけられるやうにした上で、そのやゝ疑はしくしかも注意すべきものを確めると共に、別に新たに大規模の採集を企てました。其方法は二つ、一つには会をこしらへ、全国各府県に汎く同志を募つて、めい〳〵の区域で新たな観察調査をしてもらひ、又互ひに遠くの地の会員と知識の交換をするやうな便宜を謀ること、今一つは東京に熱心な旅行家団を作つて、予め計画を立て目的をきめて、わざ〳〵調査に出かけるやうにすることで、是には学術振興会や服部奉公会などの多分の補助もあつて、私の所謂同時採集が盛んになりました。（柳田国男「民俗学の三十年」、『定本柳田国男集』二四巻、筑摩書房、一九六二年、五〇六〜五〇七頁）

ここで柳田のいう第一の方法は「民間伝承の会」の組織化のことである。一九三五年の七月から八月にかけての一週間東京で「日本民俗学講習会」を開催したが、その参加者を組織し、月刊で『民間伝承』を刊行する学術団体「民間伝承の会」を設立した。そして第二の方法である「熱心な旅行家団を作つて、予め計画を立て目的をきめて、わざ〳〵調査に出かけるやうに」したものが、有名な「山村調査」である。

正式には「日本僻陬諸村における郷党生活の資料蒐集調査」といい、一九三四年五月から三年計画で開始された。全国各地の山間奥地の農村五〇ヵ所余りを統一的な調査内容によって調査した、この「山村調査」は単に民俗学にとってのみ画期的なのではなく、実証的な農村研究を目指すあらゆる科学にとっても先駆的な調査であった。「山村調査」の成果はその後の民俗学の内容を大きく規定したが、それだけにとどまらず、たとえば鈴木栄太郎の自然村の理論などをも生み出したといえるのである。

2　新鮮な「山村調査」

この「山村調査」に関連して刊行されたものとして、一般的によく知られているのは、もちろん柳田国男編『山村生活の研究』（民間伝承の会、一九三七年六月刊）である。そこには「村の起りと旧家」に始まり、「仕合せの良い家・人」に終わる、全部で六五節のテーマが設けられ、それぞれについての全国五〇ヵ所余りの調査結果が整理記述されている。「山村調査」といえば『山村生活の研究』の内容で理解するのが普通である。しかし、その他にも「山村調査」に関連する刊行物はいくつもある。それは大別すれば二種類の刊行物である。一つは、調査開始に際して用意された『郷土生活研究採集手帖』（『採集手帖』）であり、他の一つは中間報告書としての『山村生活調査第一回報告書』、『山村生活調査第二回報告書』である。調査開始から最終報告書である『山村生活の研究』刊行にいたるまでの間で作成されたこれら『採集手帖』や『報告書』は、内部資料的性格も強く、調査の遂行過程での試行錯誤やそれまで注意もしていなかった新たな問題発見のよろこびを率直に示しており、『山村生活の研究』よりもかえって豊かな内容を含んでいるのである。そこには若い学問としての柔軟性を見ることができる。

『郷土生活研究採集手帖』は一九三四年五月に刊行された。それは文庫本の大きさという携帯に便利な判型であり、表紙は布張りで、そこに調査地の地名と調査者の名前を記入するようになっていた。内容は、調査の意図や意義を述べた「趣意書」、調査上の留意点を記した「採集上の注意」を最初に置き、次いで一から一〇〇までの番号を付した質問文が記載されていた。たとえば第一の質問は次のようなものであった。

一、村（部落）の起りについて何か言ひ伝へがありますか。

○一ばん早く開けたのはどの辺ですか。

○古い家といふのが残つて居りますか。

このように、しばしば一つの中心的な質問に加えて、それに関連する付随的質問が設定されている。したがって、一〇〇の調査項目といっても、実際には一五〇ほどの質問文が収録されていることになる。

一九三三年九月から柳田が自宅において行った「民間伝承論」の連続講義を聴講した、東京在住の門弟たちが中心となって、この『採集手帖』を携えて各地の山間農村に入り、一調査地一人の原則で単独調査を実施した。調査地には平均二〇日間滞在し、『採集手帖』の質問に対応する返答を得るように努力した。そして結果は東京に帰って柳田の面前で報告された。この調査に参加したのは若い世代の民俗学に情熱を傾ける人々であったが、当時の熱い雰囲気と柳田国男の指導的役割について、調査参加者の一人である最上孝敬は次のように回想している。

そして各自が割当てられた地区に出かけ、帰ってくると、その採集結果をとりまとめて報告する。木曜会はおそらくその頃からはじまったもので、その他の研究報告もあったと思うが、いつも一人二人の採集成果の報告があり、それが何よりも期待される会の中心話題であった。誰でも経験することと思うが、民俗について学びだした当初の採集旅行ほど魅力にあふれたもの、人を夢中にさせるものはすくない。交通困難な僻地へしばらく入りこんで前後二十日以上にわたる滞在は、肉体的に並々ならぬ苦痛を伴うものであったが、初めて出あった民俗の魅力はそれにまして凄じいもので、訪問や採集記録の整理に、夜眠る時間もなくなる位に働きつづけながら、なお倦むことを知らぬ有様であって、生涯このような仕事を続けても悔ゆることないという思いがした。（最上孝敬「木曜会創設当時の大間知篤三」『大間知篤三著作集月報一』未来社、一九七五年）

一九三〇年代の前半が日本民俗学の確立期であることはこの最上の回想からも知られるが、その確立期の一大事業が「山村調査」であったといえる。「民間伝承論」の講義に集まった人々の多くは大学を卒業した者であり、しかもその中には転向の結果柳田のもとへ来た者が含まれていた。理論や方法論についての思考訓練をしてきた彼らがはじめて日本社会の実態に触れることになったのが、この「山村調査」である。恐らく調査は驚きの連続であったものと思われる。「山村調査」の成果には彼らの情熱と感動が示されているのであり、そのことによって調査の成果も大きなものとなっていると言えよう。

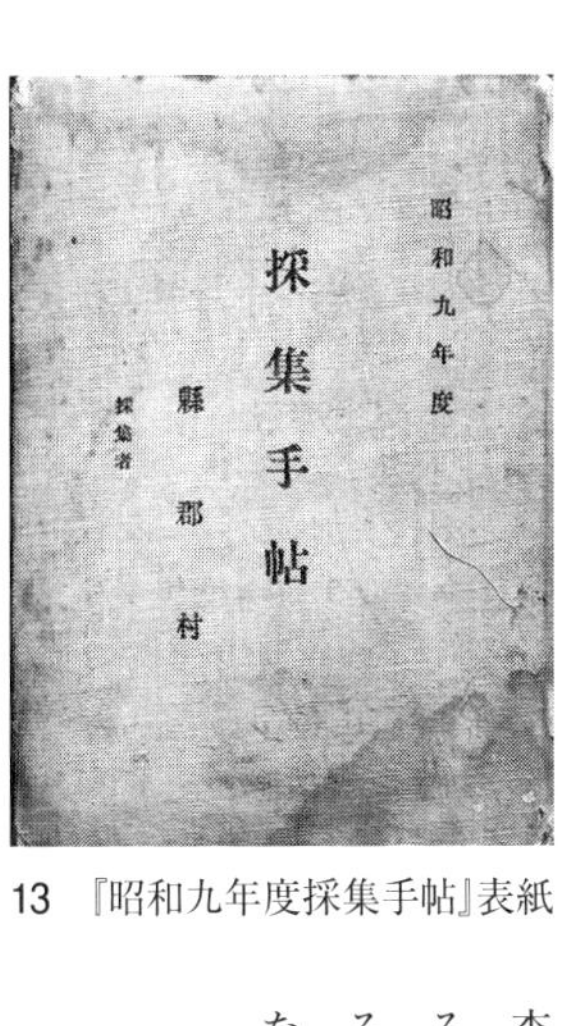

13 『昭和九年度採集手帖』表紙

3　工夫された『採集手帖』

『採集手帖』はもちろん一般の書籍ではない。あくまでも手帖であり、所持者が記入するようになっている。一から一〇〇までの質問は各ページのはじめの部分に一、二行で印刷されており、残りの大部分は全くの白紙となっている。調査に際し伝承者に質問して得た答をこの余白の部分に記入するようになっているのである。このような形式はこの『採集手帖』の独創ではなく、先行する例があるいは地理調査の野帳などにあるかもしれない。しかし、さらに『採集手帖』の形式を詳細に見ると、柳田国男の民俗学方法論に対応した『採集手帖』であることをはっきりと示していることがわかる。

一九三〇年代前半に確立した柳田国男の民俗学の方法は、周知のように、全国各地からある問題についての多くの類例を集積し、それらを分類、比較することによって、その歴史的変遷過程を明らかにしようとするものであり、その横の分布を縦の変遷に置きかえる大きな基準が中央からの遠近であった。このような方法に対応する、信頼度の高い資料を獲得するために組織されたのが、先の柳田の言葉でいう「会をこしらへ、全国各府県に汎く同志を募」ることと、「東京に熱心な旅行家団を作つて、予め計画を立て目的をきめて、わざ〳〵調査に出かけるやうにすること」であった。いずれにしても、特定の地域で分析し解釈する調査研究ではなかった。あくまでも、全国的規模で資料を集積し、それを分類比較することで答を出そうとするものであった。個々の調査結果は比較のための資料であった。

『採集手帖』には質問文が印刷されているのであるが、その形式で注目されることは、手帖の見開き二頁のうち、すべて左側の頁に印刷されており、右側の頁は全くの空白であることである。常識的に考えれば、右側の頁の右端に質問文を印刷して、それに対する答を見開き二頁にわたって記入する方が便利である。それを敢えてせず、左側の頁に質問文を印刷し、その余白にのみ答を書き、それで不足するときは裏側、すなわち次の頁に書くようにしたのにはそれ相応の理由があったとせねばならない。次に注目されることは、質問文を印刷した左側の頁の上端には、大きく質問番号を示し、さらに調査地名、

30　縣　郡　村
（昭和　年　月　日）採集者
三〇、子供組は續つて居ますか。
子供組の働く場合。
○他の地方では道祖神祭、天王祭、氏神祭禮、此外にもありますが。

14　『昭和九年度採集手帖』質問 30

調査年月日、採集者（調査者）の名前を記入することになっていることである。したがって一〇〇の質問文の返答全部に調査地、調査日、調査者を記入することになる。この二つの形式上の特色は明らかに関連している。すなわち、『採集手帖』作成に際して、柳田たちが考えたことは、調査の結果を記入した一冊の『採集手帖』を一〇〇枚の資料カードに分解するということであった。そして、同じ番号のついたカードを集めれば、そこに一つの課題に対する全国各地の類例が質の高い内容をもって示され、容易に比較ができるということになるのである。重出立証法（じゅうしゅつりっしょうほう）と周圏論（しゅうけんろん）という柳田の方法に対応する資料集積の方法として意図されたのが「山村調査」であった。

　しかし、一冊の『採集手帖』を一〇〇枚の資料カードに分解することはなされなかった。成城大学の柳田文庫には、

調査者各人が記入した『採集手帖』がそのままの形で所蔵されているのである。恐らくは、調査地としての民俗のまとまりを記録として保存するために『採集手帖』はそっくりそのまま残し、実際の比較は『採集手帖』から転記したものによって行われたのであろう。『採集手帖』を一〇〇枚の資料カードに分解することを断念したことは賢明な判断だったといえる。そして、『採集手帖』の第二版である翌年度の手帖には、各質問文ごとに調査地、調査者などを記入する欄は消えているのである。はじめから一冊の『採集手帖』として完成させ、保存利用するように考えを変更したものと判断できる。

「山村調査」に伴う『採集手帖』は、一九三四年五月発行の『昭和九年度採集手帖』、一九三五年五月発行の『昭和十年度採集手帖』および一九三六年四月発行の『昭和十一年度採集手帖』の三種類が作成されている。一九三四年版と翌年版および翌々年版とでは、今紹介したように、計画した最終処理形態が異なり、一九三五年版、一九三六年版は調査結果はそれを記入した一冊の『採集手帖』のままで保存され、利用されることを前提にしていた。初年度も実際にはカード化されなかった。初年度の経験が次年度以降の『採集手帖』の形式を変更させたのであろう。

三冊の『採集手帖』は、記載形式に変更が加えられているだけでなく、手帖の最初に置かれた「採集上の注意」や主要部分を占める質問文においても加除訂正が大きく加えられている。したがって『採集手帖』は一つではないのである。その年次間の異同の中に、柳田はじめ当時の若々しい民俗学者の試行錯誤の過程を見ることができる。前年度の経験や反省を早速翌年には生かしていくという積極的姿勢が窺えるのである。「採集上の注意」は初年度版には六項目記されていたが、翌年には八項目となっている。増加したのは、第七項で「後の白紙に、村の大字、小字の名称、戸数等を書き入れて下さい。（出来れば村の略図も）」と、調査地の概況の把握を指示したことと、第八項で「同じ村でも字によって違ふことがありますから聞いた大字、小字を必ず書き入れて下さい」と調査地点を明確にするよう要求したことによるもので、いずれも初年度の調査結果に対する反省から追加されたものであろう。

この第八項の追加によって判明するように、調査の計画段階においては、柳田たちに民俗の伝承単位に対する十分な認識はなかったのである。調査地の設定は現在の民俗学が民俗の伝承母体として理解している村落単位ではなされていない。『報告書』や『山村生活の研究』に付載されている調査地一覧が示すように、この調査の調査地は行政村を単位としている。明治の町村制による村が調査対象の村なのである。しかし実際に調査地に入り、調査を進めてみると、町村制の村が民俗の伝承母体とはなっておらず、町村制の村の中でも地域によって民俗が相違することを発見した。そして、民俗の伝承母体が町村制の村ではなく、その内部に含まれている村落（大字・小字）にあることを知り、それを把握することの必要性を感じた結果、「採集上の注意」の第八項が設定されることになったものと判断されよう。

伝承単位把握の必要性は二年度目の調査でもより一層痛感されたのであろう。『昭和十一年度採集手帖』の「採集上の注意」では、第一項の質問文の性格の説明、第二項の被調査者（伝承者）の氏名・年齢などの把握の指示に次いで、第三項に移されているのである。三年間の推移の中に、民俗への認識の深まりを見ることができるし、柔軟な姿勢で対応することによって調査方法をより内容あるものにしていることが示されているとも言えよう。

4　問題の発見と調査

一〇〇の質問文という、その総数は三冊の『採集手帖』を通じて変わらない。しかし、調査項目としての実質は初年度よりも二年度が、二年度よりも三年度が大幅に増加しており、三年度目の『採集手帖』には大量の質問文と調査すべき事項が盛り込まれている。この三冊の『採集手帖』における質問文の異同は、民俗発見の過程であった。新しい民俗、新しい問題点を発見すると、翌年にそれに関連する質問文を追加し、全国的規模でその類例を集めようとしている。その意味で第三年次の『昭和十一年度採集手帖』に「山村調査」の完成した姿を見ることができよう。そこで、三冊の『採集手帖』における質問文の異同を対照させてみよう（──→は前年度版と同じ質問文、……→は前年度版と同趣旨であるが文章表現を変更、〈 〉は新規の設問）。なお、これとほぼ同じ作業をしたものに田中宣一「『山村調査』の意義」（『成城文芸』一〇九号、一九八五年）があるが、その整理結果には若干の相違点が見られる。

昭和九年度		昭和十年度		昭和十一年度	『山村生活の研究』に示された調査項目名	『山村生活の研究』で報告された項目
1	──→	1	──→	1	村の起り	1　村の起りと旧家
2	──→	2	──→	2	村の功労者	2　村の功労者
3	──→	3	──→	3	村の大事件	3　村の大事件
4	──→	4	──→	4	村の暮し	4　暮しよかった時
5	──→	5	──→	5	家の盛衰	5　家の盛衰

6	→	6	→	6	職業の変遷	6	亡びた職業
7	→	7	→	9	買ひ入れる物	7	村に入る物資
8	→	8	→	10	買物の場所		
9	→	9	⇢	11	物売り	8	村に入り来る者
10	→	10	⇢	12	物売り以外の来り人		
11	→	11	→	13	明治以後の土着者	9	入村者と定住の手続
12	→	12	→	14	出稼	10	出稼の問題
13	→	13	→	15	村出身の成功者		
14	→	14	→	16	帰村者		
15	⇢	15	削除	〈17〉	村の組織	11	部落と組
16	⇢	16	→	18	講の種類	12	部落と講
17	⇢	17	⇢	20	労力の協同と交換	13	協同労働と相互扶助
		〈18〉	→	21	相互扶助		
18	⇢	19	→	22	大災難時の援助		
19	→	20	削除	〈24〉	共有財産	14	土地共有
				〈26〉	村づきあひの義理	18	村の交際と義理
20	→	21	→	27	村制裁	19	村ハチブ
				〈28〉	村の公と私		

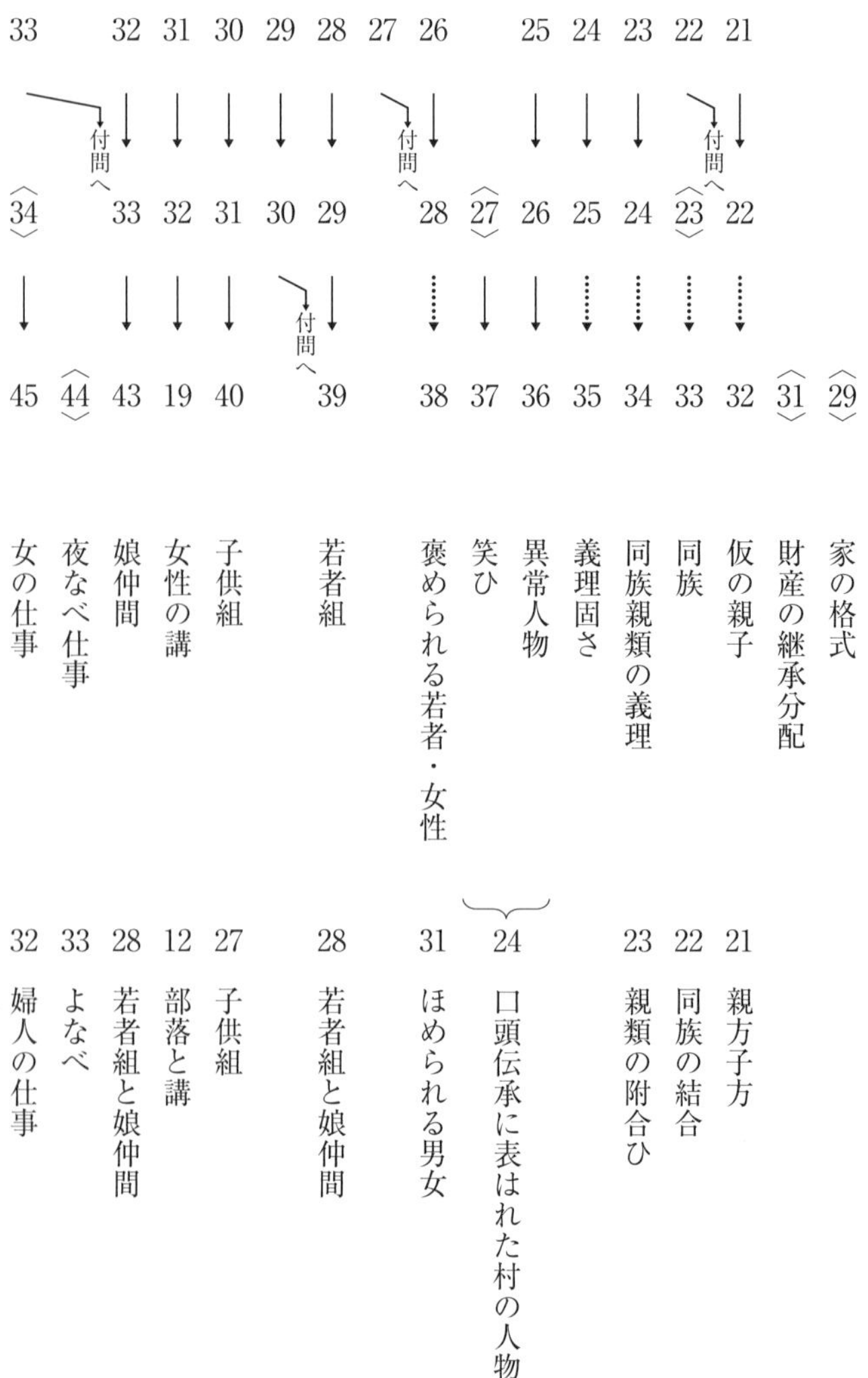
21 22 23 24 25 26 27 28 29 30 31 32 33
付問へ
付問へ
付問へ
22 〈23〉 24 25 26 〈27〉 28 29 30 31 32 33 〈34〉
付問へ
〈29〉 〈31〉 32 33 34 35 36 37 38 39 40 19 43 〈44〉 45
家の格式
財産の継承分配
仮の親子
同族
同族親類の義理
義理固さ
異常人物
笑ひ
褒められる若者・女性
若者組
子供組
女性の講
娘仲間
夜なべ仕事
女の仕事
21 親方子方
22 同族の結合
23 親類の附合ひ
24 口頭伝承に表はれた村の人物
31 ほめられる男女
28 若者組と娘仲間
27 子供組
12 部落と講
28 若者組と娘仲間
33 よなべ
32 婦人の仕事

34	→ 35	→ 46	遠方婚姻	29	遠方婚姻
35	→ 付問へ				
36	→ 36	→ 47	隣村との関係	30	仲の良い村・悪い村
37	→ 37	→ 48	他村からの手伝		
38	→ 38	⋯→ 49	奉公人	34	雇人
39	→ 39	→ 50	奉公人の居安い家		
40	→ 40	→ 51	普通食物	35	食物
41	→ 41	→ 52	特殊食物	35	食物
42	→ 89付問へ				
43	⋯→ 42	→ 53	酒宴	37	会宴
44	→ 43	→ 55	分配する食物		
45	→ 44	→ 56	贈答の機会	36	贈答
46	→ 45	→ 57	晴着	38	衣服
47	→ 46	→ 58	仕事着		
48	→ 付問へ				
49	→ 47	⋯→ 59	囲炉裏の座席	39	住居
50	→ 48	→ 60	間取り		

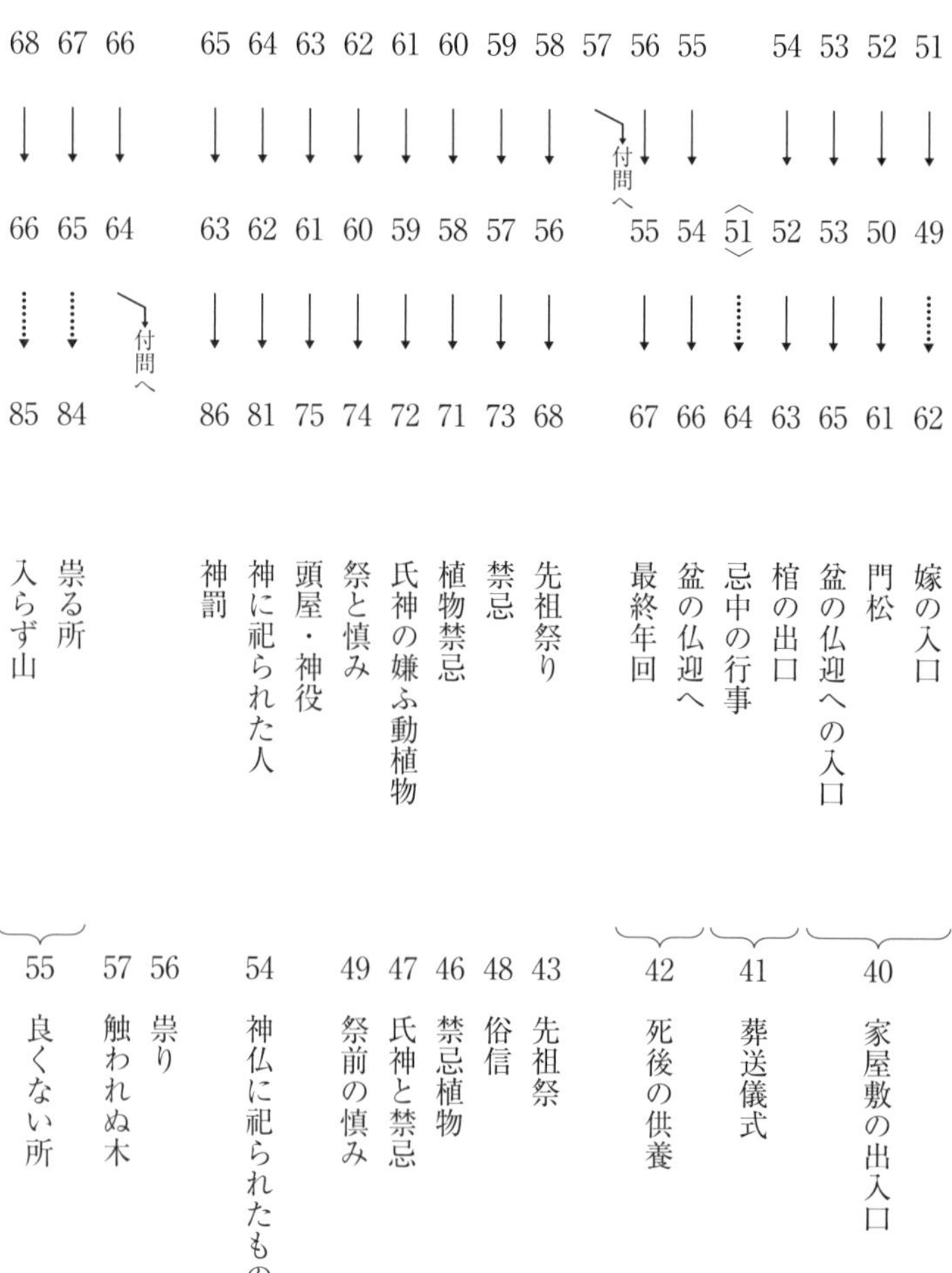

51 → 49 ⋯→ 62 嫁の入口
52 → 50 → 61 門松
53 → 53 → 65 盆の仏迎への入口
54 → 52 → 63 棺の出口
〈51〉 ⋯→ 64 忌中の行事
55 → 54 → 66 盆の仏迎へ
56 → 55 → 67 最終年回
57 付問へ
58 → 56 → 68 先祖祭り
59 → 57 → 73 禁忌
60 → 58 → 71 植物禁忌
61 → 59 → 72 氏神の嫌ふ動植物
62 → 60 → 74 祭と慎み
63 → 61 → 75 頭屋・神役
64 → 62 → 81 神に祀られた人
65 → 63 → 86 神罰
66 → 64 付問へ
67 → 65 ⋯→ 84 祟る所
68 → 66 ⋯→ 85 入らず山
40 家屋敷の出入口
41 葬送儀式
42 死後の供養
43 先祖祭
48 俗信
46 禁忌植物
47 氏神と禁忌
49 祭前の慎み
54 神仏に祀られたもの
56 祟り
57 触われぬ木
55 良くない所

69	→	67	→	96 道切り		64 共同祈願
70	→	68	→	97 通り神		
71	→	69	→	88 怖しい響		60 怪音・怪火
72	→	70	⋯→	89 狸貉の怪		61 狐狸の変化
73	↘付問へ					
74	→	71	⋯→	90 魔物を避ける手段		
75	→	72	⋯→	87 神の加護恩寵		59 神仏の恩寵冥護
76	↘付問へ					
77	→	73	→	83 信仰の神仏		58 村の信心
		〈74〉	→	41 産屋の行事		25 産屋の行事と氏子入り
78	→	75	→	93 治病の祈禱		63 治病の祈禱その他
79	→	76	⋯→	95 共同祈願		64 共同祈願
80	→	77	→	94 祈禱の詞		
81	→	78	→	91 前兆		62 前兆予示と卜占
				〈92〉 ウラナヒ		
82	→	79	→	98 衰弱感		
83	→	80	→	82 信心深い青少年		
		〈81〉	⋯→	70 屋敷神		45 屋敷神

	〈82〉	69	同族神	44	同族神
84	83	42	氏子入り	25	産屋の行事と氏子入り
85	84	79	氏神参りの帰村	52	氏神参りの帰村
	〈85〉	80	山の神	53	山の神
86	86	76	御供田	50	神社・神田の管理
87	87	付問へ			
88	88	77	庄屋筋と氏神		
		〈78〉	宮座	51	神事の座席
89	89	54	寄合の座席		
90	90	→54			
91	91	→23			
92	92	23	共有地	14	土地共有
93	93	削除			
94	94	30	家印其他	20	家号と木印
95	95	8	山小屋	16	山小屋
96	96	7	焼畑作り	17	焼畑

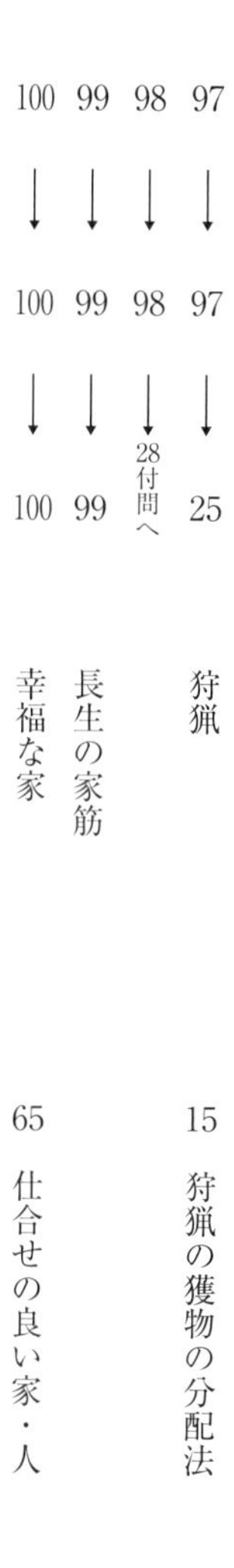

このように、三年の間に質問文には相当の変化が見られる。年を追って新たな質問文が追加されているためである。しかも、ここで示したのは主文としての質問についてであり、これに加えて付随的な質問や説明をも比較するとその異同はさらに大きくなる。殊に第三年次の『採集手帖』は、東京から全国へ調査に出かける調査員のみの利用だけでなく、各地の民俗学愛好者が自分の居住地で調査するときの利用をも想定していたらしく、各質問文にていねいな注釈や質問上の留意点が付けられている。他方、前年度の質問文で削除されたものはごくわずかである。前年の主文を翌年には他の質問の付問に位置付けて、総数一〇〇を保つようにしている。

「山村調査」の三年間は民俗学の問題発見の過程であった。形式的には毎年同じ一〇〇項目の質問文であったが、実際には毎年質問文は増加していった。初年度の経験は、二年度目の調査に新たな調査内容を盛り込むことになった。その一つは同族の問題である。初年度には親族については親類のみを調査内容にしていたのに対し、二年度目には第二三として「同族を意味する特別の言葉がありますか」という質問が新たに設けられた。親類とは別に同族というべき親族組織の存在することを初年度に発見した結果であろう。そしてこのことに関連して、第八一に屋敷神、第八二に同族神の質問文が設定されたことも注目されよう。なおまた、二年度目に新しく設けられた質問として第八五の山の神があることも不思議である。「山村調査」に山の神の調査項目は初め用意されていなかったのである。

三年度目の『採集手帖』にはさらにまた多くの質問が追加され、また各質問に付問が加えられ、新しく調査上の留意点も記されている。質問の総量は初年度の三倍以上になっている。追加された質問文の多くは社会的内容のものである。たとえば第二四の「共有財産」、第二六の「村づきあひの義理」、第二八の「村の公と私」、第二九の「家の格式」、そして第三一の「財産の継承配分」である。殊にこの第三一の質問とその付問は注目される内容である。付問において次のように質問している。

○以前は長男にのみ譲られましたか、みんなに分配されましたか。

○老夫婦が隠居をした時、先祖の位牌や仏壇はどうしますか。小さい子供等はつれて出ますか。

○長女の養子に相続させるとか、末子に相続させる等の風はありませんか。

○昔から次男以下の分家も許されましたか。

▽分家には部落の承認を必要としましたか。

ここにはその後の民俗学の社会伝承研究の中心的課題ともなった隠居制に関する質問はじめ、分家や相続、特に姉家督と末子相続に関する質問が含まれている。二年間の調査の結果として発見された新しい問題が集約されているといってよいであろう。

第三年度に新たに設けられた質問に第七八がある。次のような文章である。

氏神祭りその他の神事の座席に何か昔からの定つた慣習はありませんか。

○一族、一党或は組、その他の集団が一定の席を取ると云ふ様な慣習はありませんか。

○年齢によつて幾つかの階段が分れ、それと神事の権利や座席と関係することはありませんか。

これは宮座についての調査を指示している質問であるが、そこには株座としてのあり方と共に、内部秩序としての年齢階梯制をも把握しようとしていることは注目される。

この他、質問の主文は前年版と同一であっても、付問や留意点において新しい調査内容を盛り込んでいることも多い。その一例として第六六の質問文を掲げておこう。この質問はすでに初年度版に全く同じ文章で第五五として設定され、二年度目にも受け継がれ、三年度版では第六六になっているものであるが、この三年度目の『採集手帖』ではじめて詳しい注記が次のように付けられている。

盆の仏迎へは埋めた所へ行きますか。寺へ行きますか。

▽埋めた墓と参る墓と別な所はないか注意する。サンマイ、ラントウバ等墓地を意味する言葉は色々ある。それは埋めた墓か、参る墓か注意して見る。

○盆の仏迎へに河や海や山へ行くことはありませんか。

▽精霊様は何処から来ると信じてゐるか聞いて見る。

この質問文は本来両墓制の調査を目指したものではなかった。盆の仏迎えをどこからするかについて、墓地か寺かを聞くものにすぎなかった。調査の途中で両墓制の発見があり、第三年度版でそれが盛り込まれることになったのである。このような事例は少なくない。

三冊の『採集手帖』の質問内容を比較することは、民俗学の問題発見の過程を知ることであり、当時の柳田を中心とした集団の意欲的な態度を確認することにもなるのである。我々は、一見単調な質問文の中にも多くのことが発見できることを知らねばならない。

5　問題発見と中間報告

「山村調査」は二冊の中間報告書を刊行した。一九三五年三月発行の『山村生活調査第一回報告書』と翌年三月発行の『山村生活調査第二回報告書』である。この報告書は市販されるようなものではなかった。特に『第一回報告書』は謄写版印刷であり、恐らくごく少部数の印刷であろう。ところが、この二冊の報告書の記述内容の方が『山村生活の研究』よりもよほどおもしろく、読む人に問題を教えてくれるのである。『山村生活の研究』には六五の節が設けられているが、その大部分は『採集手帖』の質問に対応しており、各地の事例を集めて分類整理して紹介する資料集としての記述という性格が強い。そのため、分析したり、解釈するという点では禁欲的であり、非常におとなしい。それに対し、二冊の報告書には新しい民俗の発見による感動が素直に表現されており、さらに調査参加者が自らの課題を設定し、それについての答を主体的に提示しようとする姿勢がはっきりと示されている。そこにテーマ性があり、分析、解釈、展望が各人の責任で語られているのである。

『山村生活調査第一回報告書』は一九三五年三月一〇日付で刊行された。調査の開始が前年の五月であるから、わずか一〇ヵ月でとにかく中間報告書を出したことになる。それだけ調査の感動が大きかったと言えよう。巻頭に柳田の「採集事業の一画期」を置き、続いて一一の報告が並んでいる。報告といっても、『山村生活の研究』の各節とは異なり、問題を鋭角的に絞った、論文ともいうべきものが多いことが、その題名によって知られる。たとえば、大藤時彦「頭を中心とした祭祀の問題」、倉田一郎「山村社会に於ける異常人物の考察」、瀬川清子「日本女性生活史の研究について」、最上孝敬「同族団体について」などである。初年度に調査できたのは全部で二三ヵ村であったが、東北地方と近畿地方・中国地方がほとんどなく、関東地方、中部地方が中心である。そのことが報告書のテーマや内容に反映している。

この『第一回報告書』の中で最も特異な報告はやはり倉田一郎の「山村社会に於ける異常人物の考察」であろう。倉田は異常人物を取り上げるにあたって「僻陬(へきすう)山村社会に於て、如何なる人物が異常のそれと観られるか、またそれがその社会に於て有する所の地位・特質・血統・信仰は如何なる様相であるか、またそれへの村落社会の成員の批評は如何なるものかなど」を課題として設定し、各地の事例を整理分類した。大食、大力、大酒、悪食、健脚からおどけもの、うそつき、また詩歌上手まで、さまざまな並の村人でない人物についての伝承を取り上げている。『山村生活の研究』でも第二四節の「口頭伝承に表はれた村の人物」で記述しているが、きれいに分類して、地名を掲げるのみなので、伝承されている人物像はほとんど浮かびあがってこない。それに対し、この『第一回報告書』では、『採集手帖』から得た具体的な姿が描かれており、伝承としての異常人物のあり方を知ることができる。現在の民俗学は制度や組織、あるいは行事や儀礼という型のあるものばかりを扱い、心意とか意識を重視しない傾向があるが、この倉田の紹介する異常人物を読むと、その問題の重要性を再認識させられる。

最上孝敬「同族団体について」、大間知篤三「親方子方」も学史上に残る重要な文章である。最上の「同族団体について」は恐らく同族をテーマにした最初の文章だと思われる。有賀喜左衛門、喜多野清一あるいは及川宏によって同族の研究が進められ、理論的に深化するのは一九三〇年代の後半からである。それよりも数年早く同族を取り上げ、「同族団体といふのは本家別家の一団をさすので、今日普通にいふ親類とは異る」と説明し、各地の同族の名称、構成、機能を紹介した。すでに述べたように、初年度の『採集手帖』には同族を意識しての質問文はなかった。そのような「手帖」による調査の結果から同族の問題を発見し、その重要性を認識して、一つのテーマにまとめた先駆性は高く評価されねばならない。もちろん「山村調査」は村落の全体構造の中で各事象を相互関連させて把握するという方法を採用していないので、同族の構造や機能については非常に不満足なものであり、その理論化は喜多野、有賀、及川などの村落社会におけるモノグラフ的研究をまたねばならなかった。しかし、その前提にはこの「山村調査」があったことを忘れてはならない。同様に、大間知篤三の「親方子方」も先駆性の大きい、重要な報告である。

『山村生活調査第二回報告書』は一九三六年三月一八日付で発行された。最初に柳田国男の「緒言」があり、次に一一の報告が収録されている。二年分の調査結果から資料を得ているので、どの報告も質量共にすぐれている。柳田は「緒言」において、報告内容について次のように説明している。

題目は各員の自由に委ねたが、大体に二つの標準に拠つて取捨せられて居る。

一、将来我邦の学界又実際生活に於て、必ず問題となつて論議せられ、もしくは回顧の必要を生ずべしと思はるゝ事項。

二、一地一隅だけに特発したやうな事態で無く、比較研究の効果及び意義がやゝ単簡に立証し得られる事項。

而うして個々の問題に就いては、最も多く其興味を感じた者が解説に当り、必ずしも結論の確立を期せず、専ら今後の方法と可能性とを明かにするを努めた。

報告の中から注目すべきものをあげれば、瀬川清子「通婚地域の変遷について」、大間知篤三「両墓制の資料」、桜田勝徳「木印を中心として」、倉田一郎「禁忌の問題—特に植物栽培禁忌の二三の現象をめぐりて—」、関敬吾「宮座に就いて—主として江州東小椋の村落生活と関連して—」などである。タイトルだけからも知られるように、『山村生活の研究』の資料報告的性格に比較して、よほど分析的であり、問題提起的である。記述内容においても豊かである。たとえば桜田の「木印を中心として」では多くの図で具体例を紹介しつつ、問題点を指摘しているが、『山村生活の研究』の「家号と木印」(最上孝敬執筆)では、図も使用せずごく簡単に各地の例を紹介するだけである。

大間知の「両墓制の資料」は重要な文献である。埋葬する所と石塔を建立する所が全く区画を別にする墓制があることは、すでに柳田国男が「葬制の沿革について」(『人類学雑誌』四四—六、一九二九年)で自分の故郷の例を紹介して指摘していたが、それを何と呼ぶかという用語は提出しなかった。ただ墓の二種類を葬地と祭地と呼び分けただけである。それに対し、大間知はここではじめて「両墓制」という用語を設定し、二種類の墓を第一墓地、第二墓地と呼んだ。この両墓制を彼が知ったのは二年度目の調査で茨城県多賀郡高岡村へ行ったからである。両墓制はこの高岡村の他、「山村調査」では東京府檜原村、静岡県気多村、三重県森村などから報告されただけであり、大間知はそれに雑誌や郡誌類の記事や報告を合わせて「両墓制の資料」を記述している。これが両墓制についての最初の整理であった。しかし、「山村調査」の対象地が近畿地方の平野部に少なく、両墓制の分布地域をほとんど含まなかったので、資料の集積は進まず、『山村生活の研究』ではついに独立の節として記述されなかった。

関の「宮座に就いて」も、宮座研究にとって重要な文献である。『第一回報告書』における大藤の「頭を中心とした祭祀の問題」を継承するものであるが、宮座分布地帯の近江の村の事例に基づいて報告している点で重要である。宮座の排他的性格に注意しつつも、記述は内部秩序としての年齢階梯制に中心がある。三年度版の『採集手帖』にこの視点から質問が新設されている。

「山村調査」の意義なり成果を最終報告書である『山村生活の研究』を見るだけでしてはならない。三冊の『採集手帖』間の質問の変化に調査内容の深まりを見ると共に、二冊の『報告書』によって調査者の主体的な問題発見とその分析の努力の過程を知らねばならない。「山村調査」は単に重出立証法に相応しい資料を集積しただけに意義があるのではない。この調査の過程で経験したことが民俗学の調査方法の発展を促し、民俗学の内容を大きくしたことを高く評価すべきである。しかし、残念なことにこの主体的な思考の努力がそのままその後も順調に展開することを許されず、非常に形式的な重出立証法、周圏論という方法に押さえ込まれてしまったのである。このことも柳田の功罪の一つとして忘れてはならないであろう。

Ⅲ　柳田国男の研究成果と問題点

一　民俗学の方法論

——『民間伝承論』と『郷土生活の研究法』

1　一九三〇年代の使命感

柳田国男は、自分の還暦を迎えようとする一九三〇年代中ごろに、日本の民俗学の全体像を作り上げた。それまでの二〇年間専ら自分の個人的な関心に沿って自己流に研究してきた民俗学を、社会的に承認された体系性のある一つの学問として完成させようとしたのが三〇年代であった。そこには、日本社会に対する危機感とそれの解決に貢献しようとする強烈な使命感があった。すでに多くの論者が指摘しているように、日本社会の危機的状況が彼をして民俗学の体系化とその基礎としての方法論の確立へ向かわせたと言ってよいであろう。

第一次世界大戦後の戦後恐慌に始まる一九二〇年代の日本は慢性的不況が続き、そして二九年にアメリカで起こった世界恐慌がたちまちに日本に及び、日本社会、特に農村を潰滅的な状態に追い込んだ。農村には「娘の身売り」をはじめさまざまな悲劇が生まれた。もともと農政学者として農村問題に大きな関心を抱いていた柳田国男は、その事態に直面して、農政学者としての問題意識を蘇らせ、農村・農民の困難な状況を救う手立てを講ずるための前提として、なぜ農民はそのように貧しいのかを歴史的に究明しなければならないと考えた。それを担うべき学問として民俗学を位置付け、学問の意義を社会に主張すると共に、その学問としての特質を方法論として提示する努力を重ねた。三〇年代前半には多くの民俗学の基礎理論に関する論文が発表され、また全体像を示す著書が出されたのである。

2　『民間伝承論』

『民間伝承論』は「現代史学大系」七巻として一九三四年八月に出版された（共立社）、講義録とも言うべき書物である。一九三三年の九月一四日を第一回として、年末まで毎週木曜日の午前中に柳田国男の自宅で行った講義の内容に基づいて記述されたものである。柳田国男の著書として公刊されたが、しかし序文と第一章および第二章の前半のみが柳田自身の執筆で、『民間伝承論』の大半は講義を聴講した後藤興善によるものである。後藤が筆記した講義ノートを基礎にして、柳田の多くの著書・論文から関連した記述を抜き出して一つの文章に仕立て上げたものである。そのため、記述内容や文章表現に柳田の他の著書・論文と共通するものが目につくし、また講義ノートを書き記した際の誤記や誤解がそのまま残されている。その点では読者はやはり十分に用心して読み進まねばならない。

その三ヵ月に及ぶ講義であるが、聴講したのは比嘉春潮、大藤時彦、大間知篤三、杉浦健一などであり、比嘉を除けば皆三〇歳前後の若いインテリで、しかもそのうちの何名かはいわゆる転向によって柳田国男の門下に入ったと考えられる人々であった。理論的な関心が強く、また論理的思考力をもっていた人々と言ってよいであろう。恐らく柳田はこれらの若い人々が民俗学発展の推進力になることを期待した上での、毎週の講義であったと思われる。翌年刊行の『郷土生活の研究法』は「外」の人々に対して民俗学の意義を説こうとしたものであった（刀江書院）。それに対して、『民間伝承論』の講義は、民俗学を担う「内」の人々に対して理論上の問題を正面に据えて論じようとしたものと言ってよいであろう。このことは当然のことながら、『郷土生活の研究法』とは異なる説明となり、柳田の強調する点も異なっていることになる。

『民間伝承論』の巻頭には二八の箇条書きの「序」が置かれている。これは、一九三〇年四月に長野県東筑摩郡洗馬（せば）村の長興寺を会場にして行われた講演で配られた要旨「民間伝承論大意」を再録したものである。風変わりな序文は、順を追って民俗学の内容を説明している。注目すべき項目をいくつか記す。

1　民間伝承論は明日の学問である。一本の稚樹である。
山に植ゑるか盆栽にするか、何れとも御互の心次第である。
従うて祈願者は同時に予言者であり得るのである。

7　学問が実際生活の疑惑に出発するものであり、論断が事実の認識を基礎とすべきものである限り、国の前代の経過を無視したる文化論は有り得ない。
多くの民間伝承は今まで気付かれざりしもの、発見である。

過去の講説は総て之に拠つて、今一度検査されなければならぬのである。

28 学問と道楽との差は、必ずしも之に由つて衣食すると否とに由るもので無い。我々は仮にこの短い生涯の更に数千分の一しか是が為に割き費し得ずとも、それが偉大なる人間研究の片端であり、真理の殿堂の一礎石であることを意識することによつて、明白に単なる遊戯趣味の生活と識別せられることが出来るのである。（『民間伝承論』共立社、一九三四年、序一〜一〇頁）

このように野の学問としての民俗学を高らかに宣言し、参会者、そして読者をこの学問に誘っているのである。なお、省略したが、二二項から二六項にかけて民俗資料の三分類を生活外形、生活解説、生活意識の用語を設定して説明している。

『民間伝承論』の本文は民俗学の基礎理論書として、民俗学の意義と特色、民俗学の研究法、民俗学の研究対象と資料分類、民俗資料の内容などを順序立てて説明する形になっており、非常に整った構成をとっている。そこには『郷土生活の研究法』のような「実用の僕（しもべ）」や「学問救世」という言葉で社会的使命を強調する記述は見られず、学問体系のなかでの民俗学の意義を説くことに重点を置いている。すなわち、旧来の歴史研究の問題点の指摘、世界的に見た場合の民俗学と人類学、民族学のあり方などに注意している。そして、より学術的、専門的用語を用いて民俗学の理論を示そうとしている。

民間伝承は現在の言葉で言えば民俗であるが、これについて柳田は「人から御世辞にインテリと言はれ、自分も内々はさう心得て居る者を除き、其の残りの者が持つてゐる古臭いもの、それが我々のいふ民間伝承になる」（三頁）と述べている。しかし、別の所では「我々は民間即ち有識階級の外に於て（もしくは彼等の有識ぶらざる境涯に於て）、文字以外の力によつて保留せられて居る従来の活き方、又は働き方考へ方」（七頁）と述べている。この後者のカッコに入れられて説明されたものが、その後の民俗学の拡大発展に貢献すると共に、混乱ももたらした。民俗とは何か、常民とは何かという基本問題を考える際には『民間伝承論』の説明を参照せねばならない。

民俗学の資料操作法は重出立証法の名称で知られるが、この言葉が登場したのも『民間伝承論』が最初で最後であると言ってよい。第三章の五「我々の方法」において「現在の生活面を横に切断して見ると、地方々々で事情は千差万別である。其事象を集めて並べて見ると、起原或は原始の態様はわからぬとしても、其変化過程だけは推理することは容易である」（七四頁）として、そのような方法を重出立証法と呼んだ。「我々の重出立証法は即ち重ね撮り写真の方法にも等しいものである」（七六頁）とし、「私たちの謂ふ重出立証法は、至つて安全に今までの厳正主義に代ることが出来るのである」（七五頁）と、旧来の文書記録に基づく歴史研究の立場を「厳正主義」として、それに代わる方法として位置付けている。柳田はそれまでは専ら比較研究と言っていたものを、ここでは重出立証法と独特の用語で述べている。これはやはり専門的内容の講義を次期の民俗学の担い手に対ししているからであろう。その後も一九三七年の東北大学での集中講義などでやはり重出立証法を強調しているのである。

そして、『民間伝承論』で注目されるのは、人類学（民族学）との関連を重視して、民俗学の意義を説いている点である。民俗学と人類学（民族学）の関係について、イギリスのJ・G・フレーザーの研究が「フォクロアとエスノロジーとの婚約であつた」（四四頁）と言い、将来には「広い意味の人類学が融合して、完全な一つの学問となる」ことを期待している。しかし、現時点では民族学と民俗学は大きく異なる。民間伝承の調査は、人類学（民族学）の調査と異なり、「精密に微細な内部の心理的現象にまで調査を進め得る」（五一頁）ことに特色があり、それ故に民俗学はまずナショナルな存在でなければならないのである。そして、将来はその一国民俗学を基礎に世界民俗学が成立すると展望している。『郷土生活の研究法』と相違して、民俗学の意義を日本の当時の社会情勢のなかでの役割や使命で説いていないことが注目されよう。人類学としての民俗学という雄大な構想と言えるが、これもやはり「内」向けの講義だっただからであろうか。

柳田国男は戦後の一九四七年にこの『民間伝承論』を自ら評して以下のように述べている。

自分も十何年か前に一度、民間伝承論といふのを書いて見たのだが、是は失敗であつた。筆記のさせ方が悪かつたので誤りが多い。その上に是非言ふべくして言つてないことが幾つか有る。その一つは日本の民俗学が、他の国々の真似をしてはならぬ理由、全体にどこの国にも国としての特徴は有るのだが、日本は殊にそれが多い。（「現代科学といふこと」一九四七年。『定本柳田国男集』三一巻、筑摩書房、一九六四年、四頁）

ここで「言ふべくして言つてないこと」とは「民俗学と史学とは、日本に於ては他人で無い」ということであった。しかし、歴史研究の問題点の指摘、歴史研究としての民俗学ということについては少なからず頁が割かれている。したがって、柳田が『民間伝承論』を失敗作と考えていた理由は、民俗学と人類学（民族学）との関係を強調した点にあったものと思われる。

3 『郷土生活の研究法』

『郷土生活の研究法』は一九三五年八月に刊行された。書名は『郷土生活の研究法』であるが、内容は書名からイメージされる狭い意味での研究法ではなく、民俗学の全体像を紹介する案内書である。当時はいまだ民俗学という用語は定着しておらず、柳田国男自身も民俗学という言葉を使用することに躊躇していた。郷土生活の研究とか郷土研究という言葉で民俗学を語ることが多かった。殊に一般の読者や聴衆を相手にして語るときには民俗学とか民俗という言葉を避けて、より理解の得やすい郷土研究をしきりに使用していた。『郷土生活の研究法』が民俗学を冠せず、郷土生活としたのは、同様に、単に民俗学に興味関心をもつ人々のみを読者に想定するのではなく、より広く読まれることを期待して出版されたからであるが、同時に『郷土生活の研究法』の来歴も深く関係している。

この書物の構成とその来歴について柳田国男自身が解説した文章がある。以下に全文を紹介しておこう。

昭和六年春の全国社会事業指導者大会での講演を序文とし、同年八月の神宮皇学館講演を前編とし、是を敷衍（ふえん）した各論の叙述を、農学士小林正熊君が筆記したものを後編とした、大体に素人向きの入門書で、主として此方法を補助としなければ、郷土の前代生活の郷人の必ず知りたいと思ふものがわからぬといふ理由が説いてある。論旨は一巻としては統一して居るが、何分四年以前の公表のま丶である為に、材料がまだ具備せず、用語にも今と異なるものがある。民族学を「民俗学」と改め、フオクロア即ち今いふ民俗学を特に「日本民俗学」と呼ばうといふ当時の提案は、著者自身も今日は採用して居ない。さうするには時期が早いやうである。此点を一応明かにして置く為に、著者が自ら紹介するが、完全なる参考書だと言つて推薦するわけではない。（「紹介と批評」『民間伝承』一巻一号、一九三五年九月）

これによれば、序文と位置付けられている「郷土研究とは何か」は社会事業指導者大会での講演の記録を基にしてあり、それに続く前編の大部分は神宮皇学館での講演記録であるという。この神宮皇学館での講演というのは、伊勢の神宮皇学館で開催された夏期講習会のことである。その講演速記録に手を入れて『郷土史研究の方法』という小冊子として翌三二年に刊行されたものである。それに対して、後編の「民俗資料の分類」は村落社会学会の小林正熊という人物が三二年一一月から翌年の三月までに六回にわたって柳田の自宅で民俗学についての話を聞いた内容を文章化したものが基本となっている。柳田自身が言うように「素人向きの入門書」であるが、それだけに当時の柳田国男の主張していた民俗学の意義、方法、研究内容などがわかりやすく示されている。ただ、前編と後編では文章化された事情が異なるため、その内容においてもやや趣が異なることが注意される。

4　文献史学批判

『郷土生活の研究法』の前編は、民俗学の基礎理論を説いている。新しい歴史研究の方法としての民俗学の特徴、研究資料である採集記録の特質、民俗学のヨーロッパにおける形成過程とその特質、日本における民俗学的認識の形成、民俗学の現在的課題などをわかりやすく述べている。そして、随所に重要な指摘がある。読者はこれを読み始めるとすぐに柳田国男のほとばしる情熱を感じるであろう。民俗学という新興の学問の意義を、当時の日本の社会状況を念頭に置きつつ主張しているからである。いわゆる「経世済民」の学としての民俗学の主張である。たとえば前編の第一項の「郷土研究と文書史料」で次のように述べている。

我々の学問は結局世のため人のためでなくてはならない。即ち人間生活の未来を幸福に導くための現在の知識であり、現代の不思議を疑ってみて、それを解決させるために過去の知識を必要とするのである。（『郷土生活の研究法』、ちくま文庫版『柳田国男全集』二八巻、筑摩書房、一九九〇年、三〇頁）

これに対応して、前編最終章の「新たなる国学」の最後の項のタイトルを「自ら知らんとする願望」として、そこでも改めて「私たちは学問が実用の僕(しもべ)となることを恥としていない」と主張し、続いて「眼前の疑問への解答」という小見出しで自分たちの研究の最大の課題は「何故に農民は貧なりや」という根本問題であると表明した。この表明が示すように、「経世済民」の学としての民俗学の存在意義は、直接的に現実問題解決のための方策を提出するのではなく、現実問題の生じた歴史的事情を明らかにすることで、解決策を考えるための前提知識を提供しようとするものであった。

そこで、まず最初に強い調子で述べられているのが、旧来の文書記録に依拠する歴史研究の限界である。人々の必要とする歴史知識は旧来の歴史研究の方法によっては得られないことを痛烈に批判した。

たとえば、今までの歴史研究の方法に従っていたのでは「最も平和幸福の保持のために努力した町村のみは無歴史となり、わが国の農民史は一揆と災害との連鎖であったごとき、印象」を与えるだけだと指摘した。確かに、歴史研究も次第に利用する史料の拡張を行ってきたと柳田も認める。古くは後世に残そうとして記述作成された計画記録に専ら依存していたが、近年は偶然記録とも呼ぶべき史料を中心にして研究が行われている。しかし、史料の拡張はそこまでで、そこから一歩も踏み出さない歴史研究を批判し、現に人々の行為として、また知識として示されるものを調査記録した採集記録に基づく新しい歴史研究、すなわち民俗学の成立を主張している。このような旧来の歴史研究の限界を指摘して、それを超える研究として民俗学を主張する論法は、恐らく、聴衆の多くが文書記録に頼って歴史を考えることを信じて疑わない人々と判断して、刺激的な表現でショックを与え、民俗学への注意を向けようとしたためと思われる。

後編は「民俗資料の分類」となっているが、単なる資料分類ではない。民俗学の研究分野を資料分類に従って配列して、それぞれの民俗事象の意味について具体的に説明している。それは当時の段階での柳田国男の研究成果による解説とも言うべきもので、多くの注目すべき見解がわかりやすい表現で記されている。したがって、柳田の学説を最も簡単に把握できる書物ということにもなる。なお、柳田の民俗資料分類は三分類案として有名であるが、その分類がここにも採用されている。三分類は「採集者の近づいてゆく自然の順序」に基づくもので、第一部が有形文化、第二部が言語芸術、第三部が心意現象である。ただ、十分に完成したものでないことが、記述の三分の二近くが有形文化で占められ、残りの二つがごくわずかであることに示されている。また分類の基準やその意味についても詳しい説明はない。三分類についてはむしろ『民間伝承論』を参考にすべきであろう。

後編の注目すべき指摘の一、二を参考のために紹介しておこう。ハレとケという対語は今では常識的な用語となってしまっているが、これは柳田国男が一九三〇年代に設定したものである。それを最初に提出したのは『明治大正史世相篇』（朝日新聞社、一九三一年）であり、続いて後に『木綿以前の事』（創元社、一九三八年）に収録された「餅と臼と擂鉢（すりばち）」（一九三四年発表）においてである。それらと同じ時期の刊行物である『郷土生活の研究法』でもハレとケについて説明している。まず衣服の項で「衣服はこれをさらにハレ（晴）とケ（褻）との二つに分類して考えなければならない」とし、特にケの衣服、すなわち普段着に注目して説明している。そして、食物の項でも「これにもまた晴と褻とがある。食物の晴は衣服の場合とは反対に、我々にとって重要である」とし、ハレの食事は「神と人が一緒に同じ物を食べることによって、神と人とが連結したと昔の人は考えることができた」という観点を示し、「晴の日の食物にはその形状にシンボルの表われているものがある」として菱餅、粽（ちまき）、柏餅は心臓のシンボルであると説明している。これらはもちろん『木綿以前の事』や『食物と心臓』（創元社、一九四〇年）、さらに『明治大正史世相篇』を読むことで理解できることではあるが、それを『郷土生活の研究法』によってより簡単明瞭に知ることができるのである（その問題点についてはⅢ-五を参照）。

柳田国男が使用し、やはり今では一人歩きしている用語に常民がある。常民は柳田国男の初期の著述から使用されているが、重要な意味を与えられて頻繁に使用されるようになったのは一九三〇年代に入るところからであった。しかし、柳田は常民について明確に説明せずに使用してきた。そのなかで、最もはっきりと常民を説明した文章として知られるのが『郷土生活の研究法』後編の村の項である。そこでは「村の構成分子」として三種類の住民をあげているが、その第一が常民である。常民は「極く普通の百姓で、これは次に言はうとする二つの者の中間にあつて、住民の大部分を占めてゐた」と説明した。村の住民で常民ではないのは「上の者即ちい、階級に属する所謂名がある家で、その土地の草分けとか又は村のオモダチ（重立）と云はれる者、或はまたオホヤ（大家）・オヤカタ（親方）など、呼ばれてゐる階級」であり、もう一つは下の者である。下の者とは「普通の農民でなく、昔から諸職とか諸道など、いつて、一括せられてゐた者」であり、「例へば道心坊や、鍛冶屋、桶屋など、これらは何れも暫くづ、村に住んでは、また他に移つて行く漂泊者であつた」。これによって、当時の柳田国男の考えていた常民は、豪農とか村落支配者層とでも言うべき上層有力農民を除外し、また一時的村落居住者も常民でないとした。常民像が非常に明確に示されているのであるが、この理解をめぐっては議論がある。同じ書物の前編には常民という用語が一回も出てこないこととの関係である。神島二郎は、早く発表された前編に平民という語が頻出し、翌年に書かれた後編では平民は登場せず常民が使用されていることに注目して、「おそらく常民は平民と同義で、ファシズム時代への対応がこのようなおきかえをさせたのではないだろうか」と推論した（「柳田国男—日本民俗学の創始者—」、神島二郎編『柳田国男研究』所収、筑摩書房、一九七三年）。しかし、前編と後編の語られた場の相違も考えなければならない。前編は多くの人々を聴衆とする講習会での講義であり、後編は村落社会学会という少数の人間を読者に想定した講義である。

前者でより一般的な言葉が使用され、後者では柳田が民俗学の用語として提示しようとした専門的な言葉が使われた可能性も大きいのではないだろうか。どちらにしても、常民はすでに一九一〇年代から使用されていたことを忘れてはならない（本書I—二参照）。

『郷土生活の研究法』は、民俗についての資料としての内容を教えてくれるだけでなく、その民俗事象から解釈でき、説明できる日本の社会や文化についても記述されている。柳田の文章は何を主張しているのか把握することに困難を覚えることが多いが、本書ではそれらの答を容易に教えてくれる。したがって、後編は柳田学説を知るよき参考書であるが、読んでいくと、本書が口述筆記であるため、その場での思いつきや思い込みで語られたと思われる部分や、慎重を欠いた安易な表現も目につく。たとえば、住宅の左勝手、右勝手の地域差の理由、袴（はかま）をはくという表現から着ることをはくと表現する衣類はもともと鳥獣の革を剝いで作ったからだという説明などである。読者は、本書に記述された内容を証明済の説明と考えずに、疑問を抱きつつ読むべきであろう。また社会組織の記述において差別意識を表出したような部分があることにも注意しなければならない。それは、柳田といえども時代の子であり、話ことばのなかで差別的表現を無自覚に使用していたことを図らずも示している。

二　『北小浦民俗誌』の意義と評価

1　『北小浦民俗誌』の意義

特異な著作としての『北小浦民俗誌』　それまでの民間伝承の会を日本民俗学会と改称し、その初代会長に柳田国男が就任した一九四九年四月に、それに呼応し、記念するかのように『北小浦民俗誌』は「全国民俗誌叢書」の第一回配本として三省堂から刊行された。巻末の予告によれば一五冊の民俗誌が刊行される予定であり、その第一回配本として、宮本常一の『越前石徹白民俗誌』と共に刊行された。『北小浦民俗誌』は柳田国男の著作の中で唯一とも言うべき特定の地域の民俗について記述した民俗誌として有名であるが、それは同時に柳田国男の数多い著作の中で特異な位置を占めている。

まず第一に、民俗誌という語を書名に含んでいることだけでその特異性は明白である。柳田国男の著書に民俗誌と名付けたものはこれ以外にない。しかも、書名に小さな一つの村落の名称を冠していることも他に例がない。その書名が教えてくれるのは、北小浦という佐渡の東北岸にある小さな一つの村落で伝承されている民俗を記述したということである。地域を限定した柳田国男の著作は初期の二つの作品を除いては存在しないと言ってよい。初期の作品とはすなわち『後狩詞記』と『遠野物語』であるが、この二つの著書は地域の民俗の全体像を記述したものではない。

前者はあくまでも椎葉村で行われてきた狩猟に限定した内容であり、後者は佐々木喜善が語った遠野盆地のあちこちでの伝承である。いずれも限定された地域において伝承される民俗全体を統一した視点から記述していない。現代において一般に理解されている民俗誌という語を適用することはできない。それに対して『北小浦民俗誌』はその目次構成を見れば一応北小浦の民俗全般を記述しようとしていることが窺われ、民俗誌と冠していることもうなずける。それだけで柳田国男の著作の中では特異な存在である。

特異性の第二は、『北小浦民俗誌』は北小浦という一つの村落において行われ、伝えられてきた民俗を記述した民俗誌のはずでありながら、不思議なことに、著者の柳田国男はこの北小浦に一歩も足を踏み入れたことがないという事実である。全く調査することなく特定の村落の民俗誌を記述すること自体が特異なことと言わねばならない。

『北小浦民俗誌』は倉田一郎が遺した『採集手帖』の記述に基づいて書かれたとされる。その事情を柳田国男は『北小浦民俗誌』の「あとがき」で次のように述べている。

佐渡の海府を私が旅したのは大正九年の六月、それも北小浦などは舟から見て通ったのだから知りたいと思うことは何一つ聴かれなかった。倉田一郎君を勧めて、前後二度までもこの地方をあるかせ、その手帳を誰よりも先に精読して感歎し、さらに全国方言集の一冊に、『海府方言集』を出すことにしたのも、隠れた一つの動機には、こういう古い心残りが働いているのであった。

その倉田君が不慮に世を去って、遺編空しく伝わるのを見ると、今度のような民俗誌の企てがなくても、なお私は代ってこういう一書を、まとめておくのに躊躇（ちゅうちょ）しなかったであろう。（柳田国男『北小浦民俗誌』、ちくま文庫版『柳田国男全集』二七巻所収、筑摩書房、一九九〇年、四七六頁）

ここで述べられていることによれば、海村調査の一環として一九三七年に北小浦を調査しながらそれをまとめて報告することなく亡くなってしまった倉田一郎の記録した『採集手帖』に依拠して『北小浦民俗誌』は記述されたものである。現地を訪れたことのない著者と記述に用いられた倉田の調査成果としての資料、そして記述対象地域となった北小浦の三者の関係が特異なものであることは明白である。

そして第三には、『北小浦民俗誌』を読むとすぐわかることであるが、北小浦そのものに関する記述が、書名から予想されるものと異なり、非常に少ないことである。それは、『北小浦民俗誌』の記述内容が北小浦を越えて、北小浦を含む内海府（うちかいふ）へ、さらには外海府（そとかいふ）を含んだ海府まで範囲を広げて記述されているという意味ではなく、日本全体、あるいはどこのことか明示しない一般的な記述が多くの分量を占めているのである。章によっては、北小浦や海府についての記述がほとんどない場合もある。これが特異な民俗誌であることは、『北小浦民俗誌』を「全国民俗誌叢書」の他の民俗誌の記述内容と比較すると明白になる。他の民俗誌はいずれも最初から最後まで対象地域の民俗に限定して記述しており、そこから出て、日本全体の傾向や一般例を記述することはほとんどないし、また民俗について解釈して説明することもないのである。

柳田国男の方法と『北小浦民俗誌』　以上のような特色を持つ『北小浦民俗誌』について、特異性として把握するのはあるいは間違いかもしれない。むしろ柳田国男の民俗学についての立場を明白に示している著書と言うべきであろう。確立期柳田国男の民俗学の特色は、日本全国から資料を集積し、それを比較することで日本全体としての変遷過程を組み立てるところにある。柳田国男が利用した膨大な資料は、彼自身が各地を歩いて調査した結果集めたものではなく、日本各地の同好の士が自分の居住地で調査した結果を彼の下に報告してくれた資料と、彼の指導を受けていた直弟子たちが各地へ赴いて調査した結果寄せられた資料である。基本的に彼の記述の基礎に置かれたのは自らの調査結果ではなく、多くの人々から報告された資料であった。『北小浦民俗誌』もその点では全く同じであった。民俗誌という書名に惑わされて手にした読者は、著者自らが一度も現地を訪れることなく執筆したことを不思議に思い、あるいは疑問に感じるが、その書名を外せば『北小浦民俗誌』は、柳田国男の他の著書と全く同じ資料的基礎の上に立っているのである。『北小浦民俗誌』の特異性を言うべきでないのかもしれない。

日本全体からの資料集積によって比較研究が可能になり、その結果として日本全体の変遷過程が明らかにできるというのが柳田国男の疑うことのない考えであった。民俗を基礎にして地域限定による郷土史を組み立てることは考えなかったし、一般的にも狭い了見の郷土史を厳しく批判した。「郷土の為に、其郷土を知ることを以て、一つの独立した事業の如く説く人もあるが、我々は断然として之に与せざることを言明する」（柳田国男「郷土科学に就いて」『定本柳田国男集』二五巻所収、筑摩書房、一九六四年、四〇二頁）と述べ、「郷土を研究しようとしたのでは無く、郷土で或ものを研究しようとして居たのであつた。その『或もの』とは何であるかと言へば、日本人の生活、殊にこの民族の一団としての過去の経歴であつた」。したがって「個々の郷土の生活を知ることは手段であつた」と主張した（柳田国男「郷土研究と郷土教育」『国史と民俗学』、『定本柳田国男集』二四巻所収、一九六三年、六七頁)。すなわち「郷土で郷土を」ではなく、「郷土で日本を」を標榜した。その点でいえば、『北小浦民俗誌』が北小浦や海府に限定せず、日本を論じるのは当然のことと言わねばならないだろう。『北小浦民俗誌』という書名に惑わされた結果、読者は記述に北小浦以外の他地方の事例や日本全体の傾向、あるいは一般論が書かれていることに違和感を覚えると言ってもいいのではないだろうか。柳田国男にとっては自分の主張通りに『北小浦民俗誌』を著わしたのである。

このように見てくると、『北小浦民俗誌』をその書名から来る印象によって判断したり、評価することと自体も柳田の意志を無視することになると言えよう。自分は一度も現地を訪れず、倉田一郎の遺した『採集手帖』に基づいて執筆したことも不思議なことではない。北小浦以外の事例が登場するのも当然であるし、地域に即して解釈せず、日本全体の中で意味を与えるのも当然のことである。

資料的根拠の問題　そこで問題になるのは、柳田国男の記述の基礎にある資料である。彼の表明通り、倉田一郎の『採集手帖』の記載に基づいて『北小浦民俗誌』は書かれているのであろうか。倉田の『採集手帖』が北小浦、あるいは海府についての唯一の資料的根拠なのであろうか。今まで、柳田国男の表明を信じ、『北小浦民俗誌』と倉田一郎の遺した『採集手帖』との対応関係を検討しないままであった。『採集手帖』以外に北小浦や海府の記述の根拠としている刊行物はないと言い切れるのであろうか。

『北小浦民俗誌』の全体的組立は柳田国男の固有の思想、方法的立場に基づくとしても、その資料的根拠は明らかにされねばならない。北小浦の民俗から日本を論じているのであるからなおさらその根拠としての北小浦や海府の民俗を確認することは重要である。『北小浦民俗誌』は空想や創作ではないからである。柳田国男の多くの著作は、単一の資料や情報源によって記述されていない。複数の、むしろ多くの資料を駆使して記述は展開している。その点では『北小浦民俗誌』も同じであったと推測してよいだろう。著者本人のあとがきをそのまま信じるのではなく、『北小浦民俗誌』の基礎に置かれた資料、情報を確認する必要があろう。

福田アジオ編『柳田国男の世界―北小浦民俗誌を読む―』（吉川弘文館、二〇〇一年）の作業は、まず『北小浦民俗誌』の記述に用いられた北小浦や海府の民俗についての資料的根拠を明らかにすることから始めた。倉田一郎の『採集手帖』の記述との対応関係、柳田国男が読んでいたと考えられる倉田の他の著書との関係を、『北小浦民俗誌』本文に対応させることで検討した。そして、倉田の『採集手帖』やその他の著述に見られない北小浦や海府の民俗について、柳田国男が何に基づいて記述しているのかをできるだけ明確にするようにした。その結果、本人が言うほどに、倉田一郎の『採集手帖』によって『北小浦民俗誌』が書かれているのではないことが明らかになった。柳田国男のもとに集積された多くの資料、情報が縦横に活用されている点は、彼の他の多くの著書と同じである。民俗誌としては特異であっても、柳田国男の著書としては何ら特異なものではなく、むしろ彼の記述の基本原則に忠実な著書といえるのである。

2 『北小浦民俗誌』の評価

北見俊夫の新刊紹介 『北小浦民俗誌』が刊行されたのは一九四九年四月であった。それから七〇年以上を経過したが、この間『北小浦民俗誌』を評価したり、検討したりする作業は必ずしも活発に行われてきたわけではない。柳田国男の著書のなかでは検討されたり、引用されたりすることの少ない部類に属するであろう。

『北小浦民俗誌』を最初に取り上げたものは、日本民俗学会の当時の機関誌『民間伝承』一三巻九号（一九四九年九月）の「書誌紹介」であろう。北見俊夫が執筆している。わずか一頁にも満たないものであり、内容紹介の域を出ていないが、そこで次のように評価している。

本書は著者が、あとがきに述べられて居る如く、今は故人となられた倉田一郎氏の二度にわたる実地調査の手びかへをもとにして、著者が大正九年に此の村の沖を舟で通つたときの印象、記憶などを加味し更に全国の豊富なる類例と比較し乍(なが)ら、此の小村の、そして佐渡の内外海府の人々の昔からの生活の有様を復原し、ひいては、我が国に於ける漁業史の一端を解明せられたものであつて、

（後略）

新刊紹介が役割であり、書評として書かれたものではない。したがって、基本的には内容紹介である。この『北小浦民俗誌』の特徴を北小浦、海府の生活史を記述し、さらに日本漁業史の一端を明らかにしていると位置付けている。著者の意図をよく理解していると言えよう。しかし、これが書名として民俗

誌を名乗っていることについての特別なコメントはない。北見は最後に次のように述べている。

私なども、一昨年、北小浦に一夜を過ごしたことがあつたが、本書に盛られた内容の万分の一も感得出来ずに来てしまつたことを恥じるものであるが、本書の紹介文を書く様依頼され、著者の心するところを十分表現出来ない憾(うら)みを強く感じて居る。

佐渡出身の若い北見にとっても『北小浦民俗誌』を理解することが非常に難しかったことを表明していると理解できよう。

喜多野清一の高い評価　『北小浦民俗誌』は最初三省堂から出版され、その後一九五一年に刀江書院版が出版されたが、それを取り上げての書評や議論は展開された形跡はない。一九六四年に『定本柳田国男集』の二五巻に収録されて再び広く知られるようになり、この書を議論できる条件ができた。その直前に『北小浦民俗誌』を高く評価する文章が出た。それが喜多野清一の「柳田先生と社会学」(『定本柳田国男集月報』一一、一九六二年)という短文である。『北小浦民俗誌』が収録された『定本柳田国男集』第二五巻が刊行されたのはたまたまその一年余り後であった。

喜多野清一は社会学者であり、日本の家族、さらに同族について鋭い理論的研究を行った人物として知られ、特に有賀喜左衛門との論争で有名であるが、彼もまた柳田国男から大きな影響を受けていた。喜多野は『北小浦民俗誌』を評価して次のように述べている。

たとへば『北小浦民俗誌』のやうな珠玉編は、先生の方法論を知るにもつとも都合のよいもの、一つであると思ふ。先生の謂はゆるはつきりした箇体である「村」としてのこの小村落の生活構造の描写が、倉田一郎氏の遺された手帖の資料の不足を先生の広い知識で補ひつゝ、実に見事な民俗学的比較方法を用ひ、また先生の社会経済的見解で基礎づけながら、次々と段階を追つて一種の組立て作業的に活写されてゆく快さを読者は味はふことができる。

柳田国男の記述を深く読み的確に理解していると言える。『北小浦民俗誌』を高く評価する立場の理論的根拠はここに用意されていると言えよう。倉田一郎の『採集手帖』のみで書かれた民俗誌ではなく、柳田国男の知識によつて補われ、民俗学的な比較研究が行われていることの指摘は卓見というべきである。

喜多野清一は『北小浦民俗誌』が山村調査の報告書である『山村生活の研究』や海村調査の報告書の『海村生活の研究』とは異なるとして、「資料の不足と、そしてもちろん佐渡の内外海府といふ対象の興味とが、先生の広く深い知識を動員し、方法論の援用を誘ふ結果になつたと思つて、私などは大変嬉しく拝見してゐる。そしてさり気なく佐渡小村の民俗誌として提示された小冊子に、柳田民俗学の理論と方法の性格を興深く探ることができるやうに思ふ」と高い評価を与える。そのことは図らずも、『北小浦民俗誌』が調査対象地域の民俗事象から対象地域の民俗の総体を組み立てて描いているわけではないことを指摘していることになる。このことをどのように評価するかで『北小浦民俗誌』の評価も決まってくると言えよう。

対立する二つの評価　さらに一〇年後の一九七四年に『日本の名著』（中央公論社）の一巻として『柳田国男』が神島二郎の編集で刊行されたが、そこに『北小浦民俗誌』が収録された。また同じ年に刊行された『日本民俗誌大系』七巻（角川書店）にも『北小浦民俗誌』が収録された。『北小浦民俗誌』が広く知られ、また読まれるようになった。この時期は第二次柳田国男ブームとも言うべき状況にあり、多くの柳田国男論が発表され、『季刊柳田国男研究』という雑誌まで刊行された。当然『北小浦民俗誌』も議論検討の俎上に載せられることとなった。

『季刊柳田国男研究』六号（一九七四年）は「特集民俗学の方法を問う」であり、その座談会は、出席者が関敬吾、中井信彦、桜井徳太郎、村武精一、福田アジオ、谷川健一、伊藤幹治、後藤総一郎、宮田登で、六〇頁にも及ぶ長大なものであった。そこでは、多くのことが議論されているが、その話題の一つとして以下のように『北小浦民俗誌』が登場する。

村武（前略）私も前にふれたことがありますけれども、例の佐渡の民俗誌『北小浦民俗誌』は、ぼくはそういう地域社会との関連というのが、いわゆる農村社会学的な意味ではなくてまさに民俗村落論からいえば、非常にいいモノグラフになると思う。あるいは村落調査をやる場合の方法論的なものにもなるという感じがするんですけれども、あれを読みますと、ご自分が調査されていないのに、あれだけビビットに、いきいきと社会組織も含めて記述されている。それでいて視野が、一つの村落の中だけにとどまっていないで、先生の膨大な知識や解釈が巧まずに入っているんですね。

（中略）

伊藤『北小浦民俗誌』は柳田民俗学のなかでも重要な位置を占めている作品だと考えているのですけれども、いままで民俗学の内部ではほとんど取り上げられていませんね。積極的に評価してよいものだと思うのですが、民俗学のほうではどのように評価されているんですか。

福田　ぼくは、読みものとしては非常におもしろいと思う。ただし、あれは民俗誌としては意味が少ないのではないかと思います。

伊藤　読みものというのはどういう意味ですか。

福田　あそこから、ほかの柳田先生のいろんな本を読むと同じ意味で、いろんなものが知識や思考の契機として取り出せる。しかし、私の考えている研究としての民俗誌としては、あれはやはりちょっと違うんじゃないかと感じるんです。村武さんの期待した答えも、おそらくそうだろうと思うんですけれどもね。

（中略）

伊藤　受けとめ方にかなりの開きがあるようですけど、『北小浦民俗誌』は、これから民俗学の人びとが民俗誌を書く場合、じっくり読んで参考にしてほしい、むしろ参考にすべき作品だと考えているんだけど。

村武　（前略）あれはほんとにゾッキ本で、私は大量に買い集めて学生や友だちに配ったことがあるんですけどね。あれは非常に当時のいろいろな学的な状況の中でも、非常に意味を持った作品であるというぐあいにぼくは感じた。

それと同時に、あの中の可能性が、私がいま関心を持っている村落共同体とか、あるいは〈共同体〉を扱った場合にも、ただ物質的基盤とか、経済構造だけから押えるというふうにしているのではなくて、あるいは社会経済史的な諸形態から押えるだけじゃなくて、やっぱり一つの意味空間を持った一つの小宇宙だという観点からいけば、あのモノグラフは非常に関連があるというぐあいに考えたわけなんですけれどもね。

福田　そうですね。あのシリーズのほかのものと柳田先生の『北小浦』との落差というのは非常に大きい。あれが非常に優れたものだというのは、認めるのにやぶさかではない。ただ北小浦の人があれを読んだとき一体これで満足するかという問題ですね、端的にぼくが出しちゃえば。

関　北小浦の人はどこの本だかと思うでしょう、おそらくはね。（笑い）

（中略）

伊藤　でも北小浦の人も、この国の中の一つの部分なんですね。たとえ満足しなくても、自分たちが全体の中でどのように位置づけられているかということがわかれば、少なくとも心ある人は考えるんではないだろうか。極端にいうと、地元の人が満足するかしないかということは、民俗誌を書く側であまり神経を使う必要はないんではありませんか。むしろ『北小浦民俗誌』のようなものを出すことによって、地元の人に自分たちの生活の歴史というものを、広い立場にたって考えてもらう機会をつくり与える……。

（中略）

伊藤　少しつけ加えますと、部分というものをいくら寄せ集めても全体というものにはならないという社会認識があったのではありませんか。このごろの民俗誌には、部分が集まれば全体になるという素朴な認識も見受けられますけど。北小浦を一つの小さなコスモスと考えれば、そのコスモスをナショナルなレベルでとらえている点で、『北小浦民俗誌』は、これから民俗誌というものを考えていく場合にも、地域社会の問題を考えていく場合にも、一つの重要な指標になるのではありませんか。

この座談会での論点は、福田アジオの「読みものとしては非常におもしろいと思う。ただし、あれは民俗誌としては意味が少ないのではないかと思います」という発言、あるいは「北小浦の人があれを読んだとき一体これで満足するかという問題ですね」という意見と、村武精一の「視野が、一つの村落の中だけにとどまっていないで、先生の膨大な知識や解釈が巧まずに入っている」という評価、伊藤幹治の「北小浦を一つの小さなコスモスと考えれば、そのコスモスをナショナルなレベルでとらえている点で、『北小浦民俗誌』は、これから民俗誌というものを考えていく場合にも、地域社会の問題を考えていく場合にも、一つの重要な指標になる」という意見に集約されよう。前者は、郷土で郷土を考えるのが民俗誌であり、後者は郷土で日本を明らかにするのが民俗誌という立場と言える。後者の立場があるいは柳田国男の主張に一致するかも知れない。しかし、他方でそれ以降論じられてきた民俗誌論からすれば大きくくずれるものと言わざるをえない。

その後、『北小浦民俗誌』を民俗学の方法論の問題として論じたのが千葉徳爾の「地域研究と民俗学―いわゆる『柳田民俗学』を超えるために―」(『日本民俗学講座』五巻、朝倉書店、一九七六年)である。千葉は「地域研究のあり方」を『北小浦民俗誌』を例として論じた。そして「『北小浦民俗誌』だけは名を北小浦にかりながら、実はある小地域社会の生活史を、全国の生活の中に歴史的に位置付けるための研究法の展開という、異色の内容を持つ」と評価した。喜多野清一の評価や先の座談会の村武、伊藤の立場を承認するものとも言えよう。

『北小浦民俗誌』の問題性

『北小浦民俗誌』の問題性を倉田一郎の『採集手帖』の記述との対比と現地北小浦の人々からの教示によって検討したのが篠原徹「世に遠い一つの小浦」(『国立歴史民俗博物館研究報告』二七集、一九九〇年)である。国立歴史民俗博物館の共同研究「日本民俗学方法論の研究」の研究成果報告書に掲載された論文である。篠原は柳田が倉田の『採集手帖』をどのように読んだのかを、『採集手帖』の各頁の欄外への柳田による書き込みを検討し、倉田の記述のどこに柳田が注目したかを見ると共に、『採集手帖』の記述からは直接出てこない説明、解釈が多々あることを指摘した。そして、柳田の『北小浦民俗誌』で採用した方法は「夢想から発想される演繹(えんえき)」であり、「『北小浦民俗誌』は柳田が海上から見て創作したまさにコラージュであった」ということを主張した。

衝撃的な論考であり、その後の『北小浦民俗誌』検討の方向を作った。篠原徹の主張の妥当性は検討されなければならない。しかし、それよりも先に反発を示す見解が出されることになった。松本三喜夫『柳田国男の民俗誌—『北小浦民俗誌』の世界—』(吉川弘文館、一九九八年)である。松本は改めて『北小浦民俗誌』を読み込むことから始めた。そして「『北小浦民俗誌』は念入りに行った検証を踏まえた実証的研究である」とした。それではどのような研究なのか。移住の研究であり、それは『海上の道』につながるものだとする。独創的な見解であるが、一種の状況証拠による推論であり、今後検証を要するであろう。果たして、柳田国男の大きな仮説を提示した著書なのか、民俗学の方法論を説いた著書なのか、それとも夢想から編み出された書物なのか、今後検討しなければならない。そのためにも、『北小浦民俗誌』の正確な読み、『北小浦民俗誌』の成立過程、『北小浦民俗誌』の資料的根拠が明確にされなければならない。

福田アジオ編『柳田国男の世界—北小浦民俗誌を読む—』（前掲）は、『北小浦民俗誌』を正確に読み、そこに記された内容を整理し、北小浦や海府について書かれたものと、日本各地の一般的傾向や、日本全体としての歴史像を描いているものとに腑分けした。そして、その資料的根拠を求めて、倉田一郎の海村調査の『採集手帖』の記述と対比させることを手始めに、その他の倉田の著述との関連性を探し、さらに柳田国男が参照したであろう各種の文献を渉猟して、『北小浦民俗誌』の記述と突き合わせ、柳田国男が執筆にあたって活用した資料を確定した。その結果、やはり①『北小浦民俗誌』が必ずしも北小浦の民俗を描いていないこと、②『採集手帖』に記載された倉田一郎の調査成果を十分に活用していないこと、③北小浦ではなく、日本全体のことを記述することが少なくないこと、④そして、柳田国男の関心に沿った記述をさまざまな材料を動員して描いていることなどを明らかにした。

なお、一九九九年三月に『柳田国男全集』一八巻が刊行された。そこに『北小浦民俗誌』が収録されるとともに、巻末に石井正己、佐藤健二による詳細な解題が掲載された。そこでも、倉田一郎の遺した『採集手帖』の記述との関連に注意し、種々指摘している。

三　沖縄と日本
――『海上の道』の意義

1　柳田国男と沖縄

柳田国男は、彼の民俗学研究において沖縄の民俗を重視していた。日本人の生活文化の歴史を明らかにするときに、沖縄の民俗を無視することはできないと考えていたし、沖縄の民俗文化を日本の生活文化の最も古い層を示すものと位置付けていた。すなわち、沖縄の民俗を基礎にして彼の研究は組み立てられていた。このことは広く知られており、柳田国男の理解としては一つの常識となっていると言ってよいであろう。ちくま文庫版『柳田国男全集』（筑摩書房）が、その第一巻に『海南小記』『海上の道』そして『島の話』を収録しているのも、そのような認識の表明と言える。ここに収録された三冊の単行本はいずれも沖縄に関しての記述が中心となっているものである。

それでは柳田国男は民俗の世界を発見してこの学問を開拓した当初から沖縄に関心を抱き、自己の研究において重視していたのであろうか。また沖縄に頻繁に出掛け、沖縄の民俗について詳細な調査を行っていたのであろうか。大方の予想は、民俗学を始めた最初から沖縄を視野に入れ、沖縄について触れ、また度々沖縄を訪れていたというものであろう。ところが、実際にはその予想とは大きく異なり、柳田国男が研究のなかで沖縄の民俗について盛んに記述するようになるのは一九二〇年代後半になってからである。後に民俗学と呼ばれることになる研究を始めた一九一〇年代には沖縄について触れることはまったくと言ってよいほどない。そして、意外なことに、柳田国男が沖縄を訪れたのはただ一回、『海南小記』を著した旅のみである。それは一九二〇年の年末に東京を出発し、翌年の二月に東京に戻った二ヵ月に及ぶ旅であった。もちろん『海南小記』の旅は突然思い立って実行されたものではない。それ以前から沖縄についての書物を読み、沖縄に対する関心が次第に大きくなっていたからであることは言うまでもない。

2 たった一回の沖縄旅行と『海南小記』

官吏になって二〇年目に入った一九一九年の年末に、柳田国男は貴族院書記官長を辞任し、自由の身となった。そして、翌年には朝日新聞社へ誘われ、三年間は自由に旅をさせてくれることを条件に入社したという。その最初の大きな旅行が沖縄行であった。一九二一年正月三日に鹿児島から乗船して五日に那覇に到着した。そして二週間ほど沖縄本島に滞在して、各地を訪問した。その後、先島（さきしま）の宮古、八重山を訪れ、二月二日には那覇に戻り、一週間滞在した後、再び船に乗って帰途についた。途中奄美大島の名瀬（なぜ）に寄って、鹿児島に帰着したのは二月一五日であった。この一ヵ月余りの沖縄旅行は柳田国男に決定的な影響を与え、これ以降の研究には絶えず沖縄の事例や沖縄の資料が重要な位置を与えられて登場することになった。『海南小記』は、その旅行の直接的な成果である。

『海南小記』という単行本は一九二五年四月に発行された（大岡山書店）。それを構成するのは「海南小記」「与那国の女たち」「南の島の清水」「炭焼き小五郎が事」そして「阿遅摩佐の島」であるが、もちろん中心は最初の三分の二近くを占める「海南小記」である。

「海南小記」は、沖縄旅行から帰った翌月から五月までの間『朝日新聞』に連載されたもので、感動に溢れた紀行文である。そして、「与那国の女たち」は同じく四月に、「南の島の清水」は翌五月に雑誌に発表されており、いずれも「海南小記」と同時期に執筆されたものである。また、「阿遅摩佐の島」は、沖縄からの帰途、久留米市中学明善校で講演したときの原稿であり、旅の印象の最も強烈なときのものである。それに対して、「炭焼き小五郎が事」はやや性格が異なり、沖縄への旅に出る前に、文献に依存して執筆し、鹿児島から沖縄へ渡ろうとしている時に、『朝日新聞』に連載されたものを基礎にしている。沖縄旅行のための事前学習の成果というべき文章であり、ここには生き生きとした沖縄の生活や民俗は登場しない。

「海南小記」は紀行文であり、論文としての問題提起や論証あるいは結論としての主張があるわけではない。しかし、文章のあちこちに、旅行の過程で獲得した柳田国男の沖縄理解が示されている。それに対して「与那国の女たち」「南の島の清水」「阿遅摩佐の島」はよほど問題の焦点がはっきりしており、柳田国男の見解も述べられている。これらの文章に窺える柳田国男の沖縄理解は、まず第一に沖縄の文化と日本本土の文化は同質であり、沖縄には日本本土ではすでに失われてしまった古い姿が現実に生きているということである。たとえば言葉に関して次のように述べている。

我々から見れば沖縄は言葉の庫である。書物も無かつた上古以来、大略出来た時代の符徴を附けて、入れて置いた品が大抵残つて居る。内地の方で損じたものが島では形を完うして居る。（「海南小記」第一九章下、『定本柳田国男集』一巻、二六九頁）

また、沖縄の信仰の特色について、やはり次のように指摘している。

もとは異国の如く考へられた此島の神道は、実は支那からの影響は至つて尠なく、仏法はなほ以て之に対して無勢力でありました。我々が大切に思ふ大和島根の今日の信仰から、中代の政治や文学の与へた感化と変動とを除き去つて見たならば、斯うもあつたらうかと思ふ節々が、色々あの島には保存せられてあります。（「阿遅摩佐の島」『定本柳田国男集』一巻、三六三頁）

このような日本文化の古層を沖縄に発見したことは柳田自身にとって大きな成果であった。これ以降の彼の研究を大きく規定した。この立場はいわゆる日琉同祖論であるが、それではなぜ沖縄にはそのような日本文化の古層が残っていると考えたのであろうか。この点になると柳田の見解なり展望は必ずしも明確ではない。しかし、注意深く読んでみると、あちこちに注目すべき考えを表明しているのである。それは日本「本土」の文化、殊に中央の古い文化が波及した結果として沖縄に古層の文化が存在するという日本文化南進論とは異なる見解である。たとえば次のような文章である。

我々は曽て大昔に小船に乗つて、この亜細亜の東端の海島に入込んだ者なることを知るのみで、北から次第に南へ下つたか、はた又反対に南から北へ帰る燕の路を逐うて来たものか、今尚民族の持ち伝へた生活様式から、も一つ以前の居住地を推測する学問が進まぬ為に如何なる憶断でも成立ち得るやうであるが、少なくとも此等の沖の小島の生活を観ると、それは寧ろ物の始の形に近く、世の終の姿とはどうしても思はれぬ。即ち大小数百の日本島の住民が、最初は一家一部落であつたとする場合に、与那国人の今日の風習が、小島に窄んだから斯うなつたと見るよりも、やまとの我々が大きな島に渡つた結果、今日の状態にまで発展したと見る方が、遙かに理由を説明しやすいやうに思はれる。（「与那国の女たち」『定本柳田国男集』一巻、三〇一頁）

ここに示された見解は明らかに後の「海上の道」の考えである。同様の考えは次のような文章にもなって示されている。

此等の島の同胞と我々が袂を別つ以前、コバの清らさと美しさは、既に共通に感じられて居たものと見てよいのは、コバ無き国に移り住んで何世紀を経た後世まで、あらゆる便宜に由つて遠く其葉を求め、之を愛用した貴人の多かつたことが一つの証拠であります。（「阿遅摩佐の島」『定本柳田国男集』一巻、三七五頁）

「コバ無き国に移り住ん」だ「貴人」というのは日本「本土」の中央の支配者層を指すものである。古くは日本列島の住民は沖縄の島々に住んでいた。それが次第に北上して、日本列島に居住するようになったというものである。

このように『海南小記』を読んでくると、その延長上に戦後発表された『海上の道』が展開しているように思われてくる。しかし、事実はそのように単純には進んでいない。柳田国男は民俗学を一九三〇年代に確立させたのであるが、その確立期の民俗学理論の中核にあったのはいわゆる「周圏論」である。新しい文化は日本の中央部で発生し、それが順次周囲に波及していく。したがって、中央から遠い地域には新しい文化が及んでくるのが遅くなり、必然的に古い文化が残存するという仮説に基づく民俗事象の解釈方法である。新文化は何回となく発生し、それが周囲に波及するのであるから、中央部からの距離に応じて新しい文化から古い文化へと並ぶ。そして、最も外側には最も古い文化が残存していることになるが、日本列島は細長いので、その分布は南北の対称的一致という現象を示す。このような周圏論を最初に明確に提出した論文が一九二七年に『人類学雑誌』四二巻に発表された有名な「蝸牛考」という論文である。そこでは次のように述べている。

> 若し日本が此様な細長い島で無かつたら、方言は大凡近畿をぶんまはしの中心として、段々に幾つかの圏を描いたことであらう。従つて或方面の一本の境線を見出して、それを以て南北を分割させようとする試みは不安全である。同時に南海の島々と奥羽の端とを比較して見ることが至つて大切であり、又土佐や熊野や能登の珠洲の如き半島突角の言語現象は、殊に注意を払ふべき資料と信ずる。何となれば我々の想像の円周は、往々にして斯んなあたりを、今一度通過して居るかも知れぬからである。（「蝸牛考」（二）、『人類学雑誌』四二巻五号、一九二七年）

ここに示されているように、周圏論においては「南海の島々」と「奥羽の端」が等価値に置かれているのである。沖縄は絶対的な存在ではなく、日本の中央部から最も遠い所として東北地方の北端と対応した存在であり、理論的には事象の解釈は沖縄抜きでも可能であることを表明している。もちろん、周圏論において沖縄の価値が低く位置付けられているわけではない。沖縄の民俗文化は日本文化の最も古い姿を今に示していることは言うまでもないことである。このことは民俗学の体系化を意図した概説書『郷土生活の研究法』（刀江書院、一九三五年）の記述に明瞭に窺える。この書物は方法論を中心とした前半部と具体的な研究内容を紹介した後半部からなっているが、その前半の最後の部分に「遠方の一致」という節があり、その最初の小見出しが「沖縄の発見」であった。「我々の学問にとつて、沖縄の発見といふことは画期的の大事件であつた」（一二三頁）として、言語について「内地では全く使用を廃してゐた単語や語法が活きて行はれてゐた」（一二四頁）とし、さらにより民俗的な事象についても次のように指摘する。

それから信仰の方面に於ても、神社といふもの、起りや女性の地位、中古神輿といふもの、普及によつて、自然変つてきた祭祀の式、その他神と人間の祖先との関係の如き、以前はたゞの空想であつた我々の仮定説に、可なりの支援を与へる事実が当然として彼地には行はれて居た。手が届かぬために今まではそつとしてあるが、これ以外にも家族組織や土地制度、それから技芸流伝の様式などにも、現在の状に於て比べてみれば大きな相違、以前に遡つて考へるとよほど接近して来るやうに思ふことが色々あつて何れもみな沖縄を日本の古い分家と心づくまでは、全然参照し得なかつた新資料のみである。（『郷土生活の研究法』一二四〜一二五頁）

沖縄は「日本の古い分家」と位置付けられている。そしてそこは「古風保存の場所」である。そのことを知ることになった「沖縄研究の間接なる恩恵」をあげ、結論として以下のように強調している。

土佐とか能登の突端とかその外の島々とかの調査が進むに従つて、この南北双方の遠心的事情に、著しい一致のあることが心付かれ始めた。人知れず永く存してゐたことが立証せられようとしてゐる。郷土の歴史が将来の相互の交通によつて、容易に明らめ得らるべきことも疑はれなくなつた。これがまた近頃の沖縄研究の一つの賜であつたのである。(『郷土生活の研究法』一二八頁)

このように、『海南小記』の旅の体験は、結果としては、日本は均質な一つの社会と考え、各地の個別の民俗文化を統一的に解釈する方法としての周圏論の完成に貢献した。沖縄を「日本の古い分家」と認識し、「古風保存の場所」として重視したのである。これが一九三〇年代に完成した柳田国男の民俗学であった。

3 『海上の道』と日本の独立

『海上の道』は日本人がどのような経路をたどって日本列島に来たのかということをテーマにした書物である。柳田国男は、その答えとして、はるかな南の故郷、恐らく中国大陸の南部からまず沖縄の島々に渡り、そこから島伝いに日本本土に移り住んだという「海上の道」を想定し、それを民俗学の立場、すなわち各地の民俗事象の比較研究から論証しようとした。このような雄大な『海上の道』は柳田国男の最晩年の作品である。一九六一年七月に発行されている(筑摩書房)。柳田国男が亡くなったのは翌年の八月八日であった。『海上の道』の意義はそれだけに止まらない。晩年に発行された柳田国男の著書は少なくないが、そこに収録された文章の大部分ははるか以前に執筆発表されていたものの再録である。それに対して、『海上の道』収録の各論文はすべて戦後のものであり、しかも以下のように、一九五〇年から五五年の間に集中的に発表されたものである（順序は発表順、丸数字は実際の掲載順）。

⑥　宝貝のこと　一九五〇年一〇月
②　海神宮考　一九五〇年一一月
⑨　知りたいと思ふ事二三　一九五一年七月
③　みろくの船　一九五一年一〇月
①　海上の道　一九五二年一〇・一一・一二月
⑦　人とズズダマ　一九五二年
⑧　稲の産屋　一九五三年一一月
④　根の国の話　一九五五年九月
⑤　鼠の浄土　一九六〇年一〇月

よく言われることは、また柳田国男自身も『海上の道』のなかで述べていることは、青年時代に伊良湖岬に滞在中、海岸に打ち寄せられた椰子の実を発見して感動したという体験が、島崎藤村の「椰子の実」の歌を生み出すと共に、六〇年の後に彼自身のなかで熟成して『海上の道』になったという雄大なロマンである。確かにそれは事実であるが、しかしなぜ一九五〇年からの五年間に集中してこの問題が展開しているのかを説明することはできない。やはりこの時期の沖縄の置かれた状況に思いをいたさなければならないであろう。沖縄戦の結果、アメリカに占領された沖縄は、日本「本土」から切り離されて別の支配を受けた。その既成事実を、日本「本土」が自らの意思で承認したのが一九五一年九月に調印された対日講和条約であった。日本の「独立」は沖縄を切り捨てることで達成された。このことに関する日本「本土」の批判とか反対あるいは反省は必ずしも強いものではなかった。『海上の道』の一連の著述は、明らかにこのような日本「本土」の人間に注意を喚起し、反省を迫るものであった。日本にとって沖縄は不可欠な一部であることを、はるか昔に日本人の先祖が日本列島に渡ってきた経路を論じることで示そうとした。柳田国男は民俗学を「経世済民」の学であると強調したが、それが一九五〇年代には『海上の道』として表出されたのである。

巻頭論文の「海上の道」は、最初九学会連合という民俗学、社会学、考古学、人類学、言語学など九つの学会が共同して研究をする組織の一九五二年の大会で講演したものであり、民俗学の意義を積極的に提示しようという気持ちも込められた内容である。ここに論点はほとんどすべて集約されていると言ってよいであろう。第二論文以下は、各論文の表題に示されているように、そこで提出された問題を個別に論証しようとするものである。したがって、読者としてはこの大論文「海上の道」を熟読することで柳田国男の構想を把握することができる。そこで述べられていることで注目すべき点は以下のようなことであろう。

日本列島に移り住んだ最初の人々はどのようにして列島の最先端に辿り着いたのか。それは漂着であったが、しかし漂着は移住ではない。柳田国男は、家族を伴った計画的な渡航が漂着の後に控えていたことを想定した。そして、その移住を促したのは「宝貝の魅力」であったとするユニークな見解を提出する。この見解には自信をもっていた。彼は次のように述べている。

千に一つと言つてよい幸福に恵まれて、無人の孤島に流れ着き、そこに食物を求めようとして測らずも稀なる世の宝が、さゞれ小石の如く散乱して居るのを見付けたといふなどは、一つの大きな民族の起源として、あまりにもたより無い夢か伝奇のやうであらうが、正直なところけふといふ日まで、是よりももつと有り得べき解説を、まだ私などは聴いてゐないのである。（「海上の道」『定本柳田国男集』一巻、二八頁）

次に注目すべきことは、この「宝貝の魅力」で沖縄へ渡ってきた人々は稲作民であったという主張である。柳田国男は稲作のみが日本に伝来したという説を否定した。稲作を伴った人々が日本列島の南端に上陸したのである。しかしそこは水があまり豊かでなく、稲作に適した土地は必ずしも多くなかった。そこで人々は第二次的にさらなる移動を北方へ繰り返すこととなった。そして水の豊かな平野が広がる日本「本土」に達したのである。日本「本土」の稲作が、水田から水が漏れないように畦（あぜ）塗りや底堅めをしっかりすることや、雨乞い行事を重視することに、かつての雨水のみに頼っていた南方の稲作の名残が見られるとした。このように、日本人は稲作を伴った存在として想定し、日本文化を稲作文化として理解する。

『海上の道』の第二論文以下では、個別の問題に焦点を絞って、より一層詳細に論じている。そこにはやや専門的な資料の提示や論証の仕方があるが、全体としては沖縄の民俗を重要な資料としている。その論点はもちろん「海上の道」による日本人の日本列島への渡来に集約されるのであるが、その論証過程で注目すべきいくつかの新しい問題を提起していることにも注目すべきであろう。その第一は、他界観あるいは神観念についてである。すなわち、沖縄で古くから信仰されてきたニライカナイもしくはニルヤを単に沖縄の世界観なのではなく、日本「本土」においても存在したことを論証しようとし、そのことからも沖縄から日本「本土」への移住を証明できると考えた。沖縄のニライカナイは東方海上にある聖地であり、柳田の表現によれば「清い霊魂の行き通う国、セジの豊かに盈(み)ち溢れて、惜みなく之を人間に頒(わか)たうとする国」（「海神宮考」二一、『定本柳田国男集』一巻、七二頁）である。セジとは霊力あるいは生命力とも言うべきものを指すが、実は稲もそのニライカナイがもたらしてくれたものである。それと『日本書紀』や『古事記』に登場する根国(ねのくに)、常世郷(とこよのくに)は本来同じであったとする。結論としての見通しは以下のように書かれている。

> 私は最初南島のニルヤ・カナヤが、神代巻の所謂根の国と、根本一つの言葉であり信仰であることを説くと共に、それが海上の故郷であるが故に、単に現世に於て健闘した人々の為に、安らかな休息の地を約束するばかりで無く、なほくさ〴〵の厚意と声援とを送り届けようとする精霊が止住し往来する拠点でもあると、昔の人たちは信じて居たらしいこと、その恩恵の永続を確かめんが為に、毎年心を籠め身を浄くして、稲といふ作物の栽培をくり返し、その成果を以て人生の幸福の日盛りとする、古来の習はしがあったかといふことを考へて見ようとした。（「根の国の話」『定本柳田国男集』一巻、一〇六～一〇七頁）

　このようなニライカナイとかニルヤを日本人の他界観の基本とする考えは、それまでの主張とは大きく異なる。柳田国男の名著の一つとされる『先祖の話』（筑摩書房、一九四六年）で説かれた日本人の他界はもっと個別的な存在である。日本人は死ぬと、祖霊となって、その家の先祖代々の祖霊のなかに融合して、子孫の住む場所の近くの山の高みに留まって、必要に応じて子孫を訪れて交流するというものであった。そこでは、他界は子孫の居住地に近い山の上であるから、あくまでも個別的な存在である。ニライカナイのような統一的な他界は想定されていない。その点では大きな変化であり、柳田の他の著書論文とは異なる見解であると言えよう。

第二に注目すべき点は、稲の豊作をもたらしてくれる力を穀霊信仰として把握していることである。それは特に「稲の産屋」に集中して述べられているが、この表題が結論を示しているのである。稲が翌年また豊作になるのは、その母である穀霊が身籠もって多くの子どもである稲穂を生むからである。秋の収穫後から春にかけての行事は、その稲の穀霊が再生産するための儀礼であり、宮廷行事の新嘗祭もそれであったとする。民俗的には一一月二三日の夜に各種の行事が行われるが、それはこの日の前後が冬至の日であり、重要な節目であった。それを次のように柳田は述べている。

こゝを一年の巡環の一区切りとして次のうれしい機会の為に備へようとする考へは、大地にいたづく人々にとつては、殊に忘れ難きものであつたと思ふ。指を折つて干支を算へる技術を学ばぬ以前から、すでに我々は穀母の身ごもる日を予知し、またそれを上もなく神聖なる季節なりと、感ずることを得たのであつた。（「稲の産屋」『定本柳田国男集』一巻、二〇九頁）

この見解にいたる論証過程は言葉を窓口にした柳田国男独特のユニークな方法である。各地でニホと呼ばれる、刈り取った稲を積んでおく稲積みは、同時にまた女性が出産する産屋のことだったと、いくつかの事例から推測し、沖縄の八重山では稲積みをシラというが、それがまた「人間の産屋生活」をも意味していたということを裏付けにすることで問題を発展させる。そして、愛知県北設楽郡の霜月神楽にシラヤマという行事があり、それに加わり無事に済ませた者に対して「生まれ清まわり」と言ったという伝承を重視する。このように稲が稲積みで翌年まで保存されることを、人間の妊娠・出産に対応して理解することで、穀霊信仰の伝統を明らかにしている。

この稲の穀霊信仰も、それまでの柳田国男には見られなかった見解である。「稲の産屋」のなかで表明しているように、宇野円空の研究から示唆を得、また折口信夫の見解から学んだ結果であると考えられる。さらにJ・G・フレーザーの『金枝篇』の日本語訳が一九四三・四四年に出されると、それを熱心に読み、そこに記述された穀霊信仰に注目し、注記を施していた（伊藤幹治「柳田国男とJ・G・フレーザーの『金枝篇』（訳書）」『民俗学研究所紀要』二二集別冊、一九九八年）。柳田国男は、もともと祖霊信仰を中核において日本の神観念を統一的に把握しようとしていた。日本の神の本質は祖霊にあるとしていた。稲の豊作をもたらしてくれる神は田の神であるが、この田の神は山の神と同一であり、その本質は祖霊であるというのが『先祖の話』はじめ随所に示された見解であった。ところが、『海上の道』では、そのような祖霊信仰、田の神信仰は登場しない。言葉として田の神は出てくるが、積極的な意味を与えられていない。稲が豊かに稔るのは、稲自身の霊によるのである。

このように見てくると、柳田国男は一九三〇年代以降整合的に組み立ててきた自分の仮説をこの時期に大きく組み換えようとしていたことが浮かんでくる。従来の祖霊信仰ですべてを統一的に説明しようとする姿勢から、より広い視野で神や霊のありようを考えようとする方向に向かいつつあったのである。日本人の日本列島への渡来の経路のみが『海上の道』から読み取るべき問題ではないと言えよう。

四　子供観と子供の民俗学

1　柳田国男の子供理解

神に代りて　柳田国男には多くの著書論文があり、その大部分は『定本柳田国男集』全三一巻・別巻五（筑摩書房）あるいはちくま文庫版『柳田国男全集』全三二巻に収録され、また決定版と称する『柳田国男全集』（全三五巻・別巻四、筑摩書房）に網羅されている。そこには子供を扱った論文も少なくない。子供を表題にした著書もある。『こども風土記（ふどき）』（一九四二年刊。『定本柳田国男集』二一巻所収、ちくま文庫版『柳田国男全集』二三巻所収、『柳田国男全集』一二巻所収）と『村と学童』（一九四五年刊。『定本』二一巻所収、ちくま文庫版『全集』二三巻所収、『柳田国男全集』一四巻所収）である。前者は子供の遊びを扱い、後者は疎開児童を読者に想定してムラの生活事象について述べたものである。むしろ、この両著は子供向けに執筆したもので、子供を論じることに主目的があったのではない。子供そのものについて考察し、論じた論文や著書は別の形で発表されている。そのなかで柳田国男が注目し、取り出した子供の問題は二つであった。一つは子供の役割と意義についてである。他の一つは子供のシツケや教育に関するものである。この二つの観点は柳田が考えた時期が異なり、前者は主として一九二〇年代であり、後者は専ら一九三〇年代に発表された文章に示されていることに注意しなければならないであろう。

前者については随所に登場するが、その見解を集中的に見ることができるのは『小さき者の声』（一九三三年刊。『定本柳田国男集』二〇巻所収、ちくま文庫版『柳田国男全集』七巻所収）にまとめられた各論文である。特に最初の方の「童児と昔」（一九二四年）、「神に代りて来る」（一九二四年）、「小さき者の声」（一九二七年）はそのことをテーマにしていると言ってよい。それらでは、子供たちの遊びに注目し、また子供が神事祭礼に活躍する例の多いことに注目し、そこに子供の資料としての重要性を発見している。その中心的な部分は、たとえば一九二四年に『教育問題研究』誌上に発表した「童児と昔」で「かごめかごめ」という子供の遊びを取り上げて論じている。かごめかごめは現在の若い人でも幼いころに経験したことがある遊びであろう。子供たちが円形になり、その中心部に一人の子供が目を隠して座る。円形の子供たちは、手をつないで、歌をうたいながら廻る。歌は「かごめかごめ、籠の中の鳥はいついつ出やる、夜明けの晩に、つるつるつーべった」といい、最後にいっせいにしゃがみこんでしまう。そして「後の正面だーれ」と問うて当てさせる遊びである。それを「やはり古い社会相の一つの写真が、ぼやけて今に残っているものとして珍重すべきです」（柳田国男『小さき者の声』、ちくま文庫版『柳田国男全集』二二巻、三四五頁）とし、さらに続けて次のように述べている。

我々が昔何の心も付かずに、次の子供に引き渡しておいたこれらの遊戯は、こういうなつかしい先祖の記念であったのです。詞などの地方によって相異のあるのも、何か隠れたる意味がありそうです。（同、三四五頁）

このように、現在はほとんど無意識無自覚に子供たちが遊んでいる遊びが実は遠い昔の大人たちの行っていたことを教えてくれるとする見解はほぼこの時期に始まった。柳田国男の民俗学研究のなかでも比較的早い時期に獲得された認識と言えよう。そして、子供が教えてくれる大人の過去は専ら信仰であり、神の存在である。これは、一九二七年に発表された「小さき者の声」の中で、よりはっきりと指摘される。子供たちの盆釜その他の野外での炊事についての次のような文章である。

察するところ以前は村々にこれと似た神事があって、信仰の衰微とともに年とった者はこれに与らず、ついにはこれを支持することを廃したために、小さい人々の永くその興味を忘れ得なかった者が、形ばかり繰り返して遊ぶことになったのである。（同、三九二頁）

そして、一九三五年発表の「子供と言葉」の次のような冒頭の言葉になって明確に示されている。

小児が我々の未来であるとともに、一方にはまたなつかしい眼の前の歴史、保存せられている我々の過去でもあったことは、国内各地の言葉を比べてみていると、自然に誰にでも気がつきます。（同、四四一頁）

子供の現実の世界に大人の遠い過去の世界を発見するのである（このような柳田の子供理解を、庄司和晃は「過去保存的子ども観」と表現している。庄司和晃『柳田国男と教育』評論社、一九七八年、二一～二六頁）。しかも、その最も明白な表明は、かつての大人が信仰していた事柄が、信仰心の衰退によって行われなくなったのに対して、子供が真似をして行うことで、遊戯化した遊びとして存続してきたというものである。子供は形式的に遊びとして行っているのみであり、その形ばかりのなかからかつての大人の信仰的な意味、すなわち日本人の霊魂観を追究しようとする。現在では断片化し、無意味な存在になっているものを通して、過去の完結した意味ある存在を明らかにするという研究態度である。ちょうど考古学の遺物整理が、発掘された土器片を接着剤でつなぎ、完形品を完成させるように、個別的断片的民俗事象を整理して統合するのである。

しかし、これでは子供そのものの認識というよりは、子供を資料として把握することであり、子供を通して大人を発見することになる。これで終われば、子供研究ではない。

遊びとか競技は本来神との関連があったという考えが、このような子供の位置付けの基底にある。『郷土生活の研究法』において、次のように主張している。

今はもうほとんど子供の遊びになってしまったオニゴト（鬼事）は、元は神の功績を称える演劇であったのを、面白いので子供が真似して、あんな零落した形で持ち伝えたのであった。それからメクラオニ（盲鬼）やカクレンボウ（隠坊）も、まだそうはっきりした証拠はないが、以前は神事として大人が大真面目でやっていたものと、ほぼ想像できる。しかもかように起源の不明瞭なものほど、それが大人から子供に伝えられた時代の古いことを示しているのである。

これはほんの一二の例に過ぎないが、その他の童戯もみんな以前大人のやっていた行事の模倣であった。しかしそんなことを空に言ってみたってしようがないことで、我々のやろうとしているのは現在の事実を採集して、これを並べてみた上で、その全体から以前の形を帰納し、それを一つの拠り所にして、古い信仰の姿を明らかにしようとすることにあるのである。（柳田国男『郷土生活の研究法』、ちくま文庫版『柳田国男全集』二八巻、一八七頁）

子供の遊びはどれもこれも無意味なものではなく、本来は神を祭り、あるいは神意を聞くための方式だったと言う。それが今の子供の遊びの原型である。そのことは、また別の問題に発展するが、柳田国男はそれ自体が目的となる娯楽、遊び、遊戯などの意義を認めていなかったということになる。遊びはいわば人々の信仰心が衰え、本来の意味が不明になった結果発生したものということになる。これは人間理解としては非常に大きな欠点をもった考えと言えないだろうか。人類は恐らく生産と消費に加えて、初発より遊び、娯楽を所有していたと予想すべきであろう。

柳田国男はこのような古い信仰や観念を形の上で残すものとしての子供という理解に満足していたわけではない。子供が現在の神事や祭礼において大きな役割を果たすことについても十分に注意していた。むしろ、最初は手段としての子供であったのが、次第に考察を進めるなかで子供独自の意義に考えが及んだと言うべきであろう。「童児と昔」に続いて同じ年に同じ雑誌に発表した「神に代りて来る」がそれである。ここには多くの子供の行う行事や遊び、子供の参加する行事が取り上げられている。まず最初に小正月の訪問者であるホトホトが登場する。鳥取県から島根県辺りでは、若者たちが藁(わら)の牛馬の綱や、銭緡(ぜにさし)を持って各家を訪問して、入口でホトホトと言い、各家では盆に餅や銭を載せて出てきて、与えるという行事である。

このような貰いものをする小正月の訪問者は各地に出現する。九州では、子供たちが小正月に各家を訪れるトベトとかタビタビと呼ばれる行事があるが、この呼称は「給べ」という言葉から来ているという。このような行為は小正月のときだけではない。日本各地の同種の行事を紹介した上で、柳田は次のように述べている。

後には単に物を貰うためのみにあるくようになりましたが、以前は御覧のごとく、家々にとってかなり大切な、その幸福のために欠くべからざる任務を尽くしたので、物はこれに対する報酬に過ぎなかったのであります。（柳田前掲『小さき者の声』、ちくま文庫版『柳田国男全集』二二巻、三五八頁）

そして、メラネシアのズクズク（duk duk）を取り上げ、また沖縄八重山のアカマタ・クロマタ（旧六月の豊年祭の二日目に登場する仮面仮装の神。特に西表島古見が有名）を紹介した上で、人間が神となることがかつての本質であり、それが変化したものが餅を貰い歩く子供たちだとした。そして、最後に以下のように述べている。

七歳になるまでは子供は神さまだといっている地方があります。これは必ずしも俗界の塵に汚れぬからという詩人風の讃歎からではなかったのです。亡霊に対する畏怖最も強く、あらゆる方法をもって死人の再現を防ごうとするような未開人でも、子供の霊だけにはなんらの戒慎をも必要とせず、むしろ再びすみやかに生まれ直して来ることを願いました。これとよく似た考えが精神生活の他の部面にもあったとみえまして、日本でも神祭に伴なう古来の儀式にも、童児でなければ勤められぬいろいろの任務がありました。（中略）小正月の晩にホトホトと戸を叩いて、神の詞を述べ神の恵みを伝えに来る役も、夙くから子供にさせた地方はあったので、必ずしも青年がもとはしていたのを、後に幼い者が真似たのではないかも知れませぬ。（同、三六二〜三六三頁）

反省をこめて、子供の本来の性質としての神との親近性を説いているのである。大いに注目すべき論点であろう。柳田にはこのように、年中行事や祭礼神事と子供の遊びに連続性を見る立場と、神事祭礼や年中行事における子供の神性から来る担い手としての面の両方を考えていた。

そして、その場その場によって、どちらかが強調された。どちらにしても神事祭礼あるいは年中行事との関連での子供の意義を考えたもので、「古い信仰」を示すものなのである。その点では、柳田国男の民俗学の中心部分に子供は位置付けられてきたと言える。

群の教育　柳田国男が論じた子供の問題の二つめは、大人になる過程での一人前への教育・訓練についてであった。これは専ら一九三〇年代に展開した。したがって、柳田国男の子供についての問題意識に変化があったのである。その変化は「経世済民」の学としての民俗学を確立させようとした三〇年代の彼の使命感と対応している。その内容を一言で表現すれば「群の教育」ということになろう。近年の教育学がしばしば重宝がって使用する用語である。柳田国男は近代の学校教育以降にのみ教育があるかのように説く考えを批判して、村落社会においても教育が行われ、それによって人々は立派に一人前になっていたと主張した。「郷土研究と郷土教育」という一九三三年に発表され、後に『国史と民俗学』（六人社、一九四四年）に収録された論文に次のような文章がある。

郷土教育がもし文部省の考えるごとく、今後新たに追加しなければならぬものだったら、以前はかえって村々でそれを行うていたのである。学校は炉のほとり緑樹の蔭、または青空の下であり、教員は目に一丁字(いってい じ)なきちょん髷(まげ)の故老であり、教科書は胸に描く印象と記憶とではあったけれども、その頃の青年はほぼ一人残らず、覚ゆべきことは覚え学ぶべきことは学んだのみならず、年を取るにつれてさらに自身がまた教師となって、教材に若干の補充改訂を加えつつ、次に生まれて来た者を教えていたのである。いかに道理のわからぬ人たちだとしても、これをしもなお国民の教育でなかったと思ったのは、よっぽどどうかしている。（柳田国男「郷土研究と郷土教育」、ちくま文庫版『柳田国男全集』二六巻、五一六頁）

そして、この種の教育のうち、特に力が注がれたのは道徳教育であり、「そうしてこの方面に限っては、家庭以外の団体の力が、ことに意識して最も多く働いていたのである」（同、五一六頁）と指摘した。これが「群の教育」である。

「昔の国語教育」という論文がある（『国語の将来』所収、創元社、一九三九年）。これは一九三七年に『岩波講座国語教育』第五巻に発表したものであるが、そのなかの第三節に「群の力」という見出しを付けている。そして、子供の日本語教育について種々の問題を論じているが、その一つが子供たちの仲間に入ることによる教育機能である。子供は生まれて以降しばらくの間は家庭で教育される。しかし、それが学校教育以前でもずっと続けられる訳ではなかったことを指摘する。「群の力」は次のような文章で始まっている。

ただしこの親切を極めた指導期間は、通常の家庭ではそう久しく持続することができない。やがて第二の緑児が家の裡(うち)で啼(な)き、または老人が衰えて行って、抱きかかえが懶(ものう)くなって来る。その前に早くその児を近隣の子供の群に、引き渡してしまわなければならなかったのである。この長幼の連絡は、今でも僻村の通学生などに見られるように、自然に古くからよく整っている。（中略）

子供組の制度のまだ明らかに残っている地方でも、その加入の期日を就学の際と、一致させようとする傾向があるために、それより以前の児童は淋しくなり、群としての教育力は著しく衰えているように思われる。（柳田国男『国語の将来』、ちくま文庫版『柳田国男全集』二二巻、八五〜八六頁）

子供という人生の段階は、群の力によって教育され、その結果として一人前になるのである。この群の教育機能を非常に高く評価して、近代学校教育に対置している。教育を近代の制度としての学校教育に限定しようとする大方の理解に鋭い批判をしているのである。「群の教育」については、柳田は随所で語っているが、直接その問題を展開した論文はないと言ってよい。言葉の教育、挨拶の訓練、さまざまな道徳律のしつけなどを取り上げた中で群の力を大きく評価している文章が多い。

子供そのものとは言えないが、教育について論じた柳田の文章としては一九三八年に発表された「平凡と非凡」（『定本柳田国男集』二四巻、ちくま文庫版『柳田国男全集』二七巻所収）がある。取り上げているのは青年教育であるが、そこで教育を二つに分けている。すなわち次のようにである。

（前略）最近の百年、もしくはせいぜい百五十年ほどの間に、かなり顕著なる一つの転回期があって、その余波がなお今日にも及んでいる。それはどういう風の変革かというと、手製の語で言えば「教育群」の分裂というものが起って、同時に二通りの青年の訓育法が、両々併立して行われるようになったのが大きな出来事であった。その二通りの一つはもちろん前からあるもの、第二の新しいものは書物を読むことをもって特色とし、そうして他の一方の古くからのものを、平凡として軽蔑することが教えられたのである。幸か不幸か私などもこの第二の群に属していた。（「平凡と非凡」、ち

くま文庫版『柳田国男全集』二七巻、五四六頁）

そして、この両者の教育法の相違を平凡と非凡ととらえて説明した。いちばん大きな教育法の相異は、具体的にいうと、平凡と非凡とであった。平凡を憎むという人の気質は、必ずしも新たに生れたものではないが、それが教育の上に公認せられたのは近頃のことであった。家庭がもしも教育の主たる管理者であったら、利害や必要はあるいはもっと早く、この方針を採用せしめていたかも知れぬが、いかんせん前代の青年教育組織においては、実は親々は極度に無力であり、群それ自身はまた常に完全に平凡を愛していたのである。（同、五四八頁）

群教育としての青年教育について、その特色を笑いの教育であると説く。過失を犯した者に訓戒をすることで逸脱する者を防ぐのであるが、その訓戒は奇抜なものであり、笑い者にする方式であった。それを柳田は「笑いの教育」と名付けた。人々の笑いを誘うような気の利いた文句を言うことで批判をし、そして反省を促すと共に、他の人にはそれが教育となった。諺（ことわざ）もその方式であった。それらで実効があがらない場合には、厳しいさまざまな制裁も行われた。これら全体が群の制裁であり、群の教育であった。

その柳田の考えをまとめて示したものとして注目されるのが『現代日本文明史・世相史』（東洋経済新報社出版部）である。これは柳田が大藤時彦と共著で一九四三年一月に出版したものである。その書名からわかるように、明らかに『明治大正史世相篇』（朝日新聞社、一九三一年）の続編を意図したものである。大藤時彦は自序で次のように述べている。

本書構想の大体を述べると、読者の中には多分読まれた方が多からうと思ふが、先年朝日新聞社が刊行した「明治大正史」（世相篇）の続篇といふ心持で記述した。それはふたつの意味からである。第一は内容に於て、前著に詳述したことは成る可く避け、余り説き及ばなかつた項目に主として意を注いだ。第二に前著の発行された後の世相に力点を置いて見て行かうとした。（大藤時彦「自序」、柳田国男・大藤時彦『現代日本文明史・世相史』東洋経済新報社出版部、一九四三年、二頁）

したがって、この本は柳田国男を論じる場合にも注目されるべき書物であると思われるが、今までほとんど取り上げられることがなかった。この書物があまり流布しなかったこともその理由かと思われるが、また一つにはこの本が柳田国男・大藤時彦著となっているが、実際に執筆したのが大藤時彦だったためでもあろう。しかし、柳田の意向や判断あるいは見解が全く入っていないとは考えられない。共著者として名前を出し、柳田の印も奥付の検印欄に捺印されているからである。

その第七章は「教育」であり、その第一節は「群教育」となっている。そこを少し読んでみよう。ほぼ以下のようなことを述べている。

近代の教育制度が学校教育のみを教育と考えることになり、教育という語を狭くしてしまった。教育というものは本来もっと幅広いものであり、生活に即したものだったと主張する。今では文字を読み書きできない者を無教育者とレッテルを貼るが、これも教育を教科書を使用して校舎内で行うものと理解したところから生じたもので、間違いである。教育は人を一人前にすることであり、学校教育が校舎内で教えるのは人生の原則のみであり、その実際方法は郷党教育として存在した。郷党教育は群の必要とする所だけを教える群教育であったため、群から逸脱していって天下に活躍するためには不十分であったが、しかし、教育はまず群教育を基礎にすべきであった。群教育の特色は制裁によって群から逸脱することを戒めるところにあった。その具体的な方法は①笑い、②俚諺(りげん)であった。そして、この群教育の有力な管理者は若者組であった。

以上のように、ここでも群の教育を強調しているが、その具体的な内容となると必ずしも明らかでない。笑いと諺の教育的機能については柳田が早くから指摘している点であるが、それがどのように行われたかは明確ではない。そして、群教育の担い手を若者組としており、一五歳以前の子供の段階における群教育についてはなんら触れていない。小学校ができてからは、群教育の管理者は教育を学校に一任してしまって、自らの責任を放棄したとしているが、子供の段階の群教育の姿は何も記述されていない。そこで、次の項に順次読み進んでいくと、「学校教育」、「学生生活」という現代の問題の記述があり、第四節が「児童教育」、第五節が「子供の生活」、第六節が「育児」となって、この章は終わっている。そこで、どのようなことが述べられているか注目しなければならない。

第四節「児童教育」では、もともと児童は大人の世界から隔絶したものではなく、児童は大人と群行動を共にするものであった。そこに教育があった。それが、児童が児童として特別扱いをされるようになり、実生活で特別な責任や役割を与えられないままに成長することになって、社会に出るときに経験不足、知識不足を痛感することになる。研究の面でも、子供の世界を特殊の世界として見過ぎていると批判する。第五節「子供の生活」は非常に短い節である。子供を区切る年齢としての七歳について述べる程度で、子供の生活について深い考察は全くない。そして、七歳前の問題である育児を次の第六節で述べるが、ここもあまり力をいれて執筆しているとは思えない内容で、背中に子供を背負う文化、玩具の意味について述べている程度である。

『現代日本文明史・世相史』は確かに『明治大正史世相篇』の続編であった。そこに群の教育が節のタイトルとして登場して説明されたことは注目される。しかし、必ずしも群教育の内容を新しい視点から論じてはいない。従来の柳田国男の記述を要約して述べているというべきものである。

七つ前は神のうち　民俗学で常識となっている表現に「七つ前は神の子」とか「七つ前は神のうち」というのがある。この言葉は民俗学の研究関心を如実に表わしていると言えよう。七歳までの幼児は神の管理下にあるとか、まだこの世の人間として確定していない不安定な存在であるとか説明され、その神として産神を想定するのである。この「七つ前は神の子」という表現の発見と定着過程は、民俗学の関心の所在を教えてくれる（この「七つ前は神の子」という表現の学史的整理とその問題点の指摘を行ったのは塩野雅代「柳田国男の『子ども』観について」『社会民俗研究』一号、一九八八年である。また、文字資料を博捜した結果として、「七つ前は神のうち」などの観念は近代の成立であることを説き、民俗学の通説を批判した柴田純「『七つ前は神のうち』は本当か」『国立歴史民俗博物館研究報告』一四一集、二〇〇八年がある。これ以降、この七つ前を疑う論文がいくつか出されている）。

この表現に相当する説明をはじめて書いたのは柳田国男であった。すでに紹介したように、「七歳になるまでは子供は神さまだといっている地方があります」と「神に代りて来る」（一九二四年）に記している。当時このような表現が報告されていたのかどうかは明らかでない。柳田自身が旅行中に聞いたのかもしれないが、それも確認することはできない。恐らくこの柳田の記事が影響しているのであろうが、一九三七年になり現在民俗学の世界で親しんでいる表現がはじめて報告された。すなわち、能田多代子「七ツ前は神様」と題する短報（『民間伝承』三巻三号、会員通信）である。これは以下のような文章で始まっている。

青森県五戸(ごのへ)地方では男女共七ツ前をさう云ふ。日常第一番に神仏に供物する食物を、幼児のだゝこねて先きに食べるとてきかぬ時等は、矢張りさう云つて、仕方がないからやると云つてから呉れる。而(しか)して其七ツ前に死亡した場合は、男女共紫色の衣を着せ（或は青年期の未婚者にも着せる風もある）口にホシカ鰯（ごまめ）を一つくはへさせて埋葬する風がある。（能田多代子「七ッ前は神様」『民間伝承』三巻三号、一九三七年）

これだけの文章であり、この続きは葬儀の順序を記述していて、特に七歳前の子供についての記事ではない。したがって、この記事の内容よりも、表題として掲げられた「七ツ前は神様」という言葉が注目されたと言うべきであろう。これに刺激された大間知篤三が『民間伝承』の次の号（三巻四号）に「七ツ前は神のうち」と題してやはりごく短い文章を「会員通信」として寄せている。次のような文章である。

前号の能田多代子さんの「七ツ前は神様」で思ひ出したが、常陸多賀郡高岡村では「七ツ前は神のうち」と言ふ。七ツ以下の子供の場合は、大人なら神様に対して不敬になるやうなことでも不敬にならないといふ意味だと謂つて居た。また七ツ前の子供が死んだら、近い過去までは縁の下へ埋めたと聞いた。（大間知篤三「七ツ前は神のうち」『民間伝承』三巻四号、一九三七年）

この二つの記事はごく短い事例報告である。いずれも土地の人々が七歳以前の子供は大人とは異なる存在であり、大人と行動規範が異なることを認めたものである。しかし、その表現は、子供は神であるとか、子供は神の管理下に置かれているとか、あるいは子供はいまだ他界に属するという解釈ができるほどの内容とは言えないであろう。これが、子供を神と考えたり、子供の霊魂は七歳までは他界に属し、この世に魂が確定していないという解釈になったのは明らかに柳田国男の先の「神に代りて来る」に結びつけて理解されたからであり、それを決定づけたのは『先祖の話』での生まれ変わりの問題での記述と言えよう。『先祖の話』の第七八節「家と小児」で以下のように記述している。

若葉の魂は貴重だから、早く再び此世の光に逢はせるやうに、成るべく近い処に休めて置いて、出て来やすいやうにしようといふ趣意が加はつて居た。青森県の東部一帯では、小さな児の埋葬には魚を持たせた。家によつては紫色の着物を着せ、口にごまめを咬へさせたとさへ伝へられる。ちやうど前掲の立願ほどきとは反対に、生臭物によつて仏道の支配を防がうとしたものらしく、七歳までは子供は神だといふ諺が、今もほゞ全国に行はれて居るのと、何か関係の有ることのやうに思はれる。（柳田国男『先祖の話』、『定本柳田国男集』一〇巻、一四六頁）

事例としてはわずかに二例のみの表現が、柳田国男の記述を媒介にして一般化し、民俗学の世界での常識となったばかりでなく、日本人の幼児についての観念を最もよく示す民俗として広く採用されることとなった。しかし、この表現を常識とした民俗学は、そのために七歳以前の幼児について、個別の儀礼や親や社会の子供への対処・扱いを判で捺したように同じ解釈の中に押し込んでしまった。

果たして子供の世代は七歳を境にして前後に分けられるのであろうか。確かに現代の七五三に代表されるような儀礼は民俗的に各地に見られるし、「男女七歳にして席を同じうせず」という表現も古くからある。しかし、七歳で区切ることの積極的な意味については必ずしも明確に論じられているわけではない。むしろ、近代の学制が学齢を七歳を基準にしたことによって、その意味を簡単に了解してしまっていると言うべきなのではなかろうか。

2 柳田以降の民俗学の子供研究

子供組 柳田国男は総論的に子供を論じたのであり、あまり個別具体的に子供のあり方を検証したわけではない。子供の存在をどう見るかという視角を用意したと言える。その後の民俗学の調査研究ではどのような動向が形成されたのであろうか。基本的には、多くの民俗学研究者の目は柳田国男の第一の視点を継承した。すなわち、神に代りて来る存在としての子供であり、神事・祭礼における子供の役割、あるいは現在の子供の遊びや行為のなかに古い信仰の姿を発見するというものであった。それに対して、柳田が取り上げながらもあまり展開させなかった面に注目する研究も登場してきた。その一つは子供の組織、集団の問題である。一般に子供組と呼ばれる組織があり、それが一定の役割を果たしていることに注目した論文が出されてきた。

子供組というのは学術用語である。日本の村落社会で自ら子供組と名乗った組織があるわけではない。村落社会に一定年齢の子供を組織した集団があることを把握するための用語が子供組である。子供組という用語を最初に用いたのが誰で、いつかということを現在確定できる材料はもっていない。今確認できるのは柳田国男がすでに一九三三年発表の「生と死と食物」(『食物と心臓』所収、創元社)において子供組と表現していることである。それは次のような文章である。

赤子の世に出るには幾つかの階段があった。若者の仲間に入って一人前になる以前、三歳でも五歳でもまた七つの年にも、それぞれに予定の進出があった。今日残っている十一月十五日の神参りもその一部であって、氏神に承認せられるのも、子供組に迎えられるのも、すべて「産立て(うぶだ)」「産養い(うぶやしない)」の継続と私は思うが、それまでは多分今回の誕生習俗採集のなかには入っていまい。(柳田国男『食物と心臓』、ちくま文庫版『柳田国男全集』一七巻、三七二〜三七三頁)

ここでは、子供組自体を説明も具体例も紹介しておらず、どのような組織を柳田が頭に描いていたかは明らかでない。柳田の子供組という用語の使用例は大方曖昧である。しかし早くも子供組が当然のごとく用いられている。

子供組がより明確な姿を伴って登場したのは一九三四年から始まった山村調査においてであった。その統一的調査項目は全部で一〇〇あり、一番から一〇〇番までの質問項目として印刷された。それが『採集手帖』である。採集手帖は毎年改訂されたが、その初年度の手帖の質問項目の第三〇に次のような質問文が掲げられていた。

三〇　子供組は残つて居ますか。

子供組の働く場合。

○他の地方では道祖神祭、天王祭、氏神祭礼、此外にもありますか。（『郷土生活研究採集手帖』、『山村海村民俗の研究』所収、名著出版、一九八四年、六頁）

この質問文の前には若者組に関する質問が二つ、そして子供組の質問の後には女性の講集団、娘仲間、処女会などについての質問が続く。ここにはじめて、子供組が登場した。そして、毎年改訂された『採集手帖』のなかで、多くの質問文には改廃が見られるが、この子供組についての調査内容は変更がなく、三冊の『採集手帖』に掲載されている。むしろ、注目してよいのは、後に民俗学において重要な課題となるいくつかの問題は初年度の『採集手帖』には見られず、二年度目、三年度目になって登場している。たとえば同族、同族神、屋敷神、宮座などの質問である。それは山村調査が進行するなかで新たに問題が発見され、それが翌年の『採集手帖』に追加された結果である（本書Ⅱ―四参照）。ところが、子供組は山村調査が計画された初発から一〇〇項目の質問項目に入れられていたのである。

山村調査の結果は一九三七年に『山村生活の研究』（民間伝承の会）としてまとめられ、刊行された。そのなかで子供組に関する調査結果は整理されて、瀬川清子「子供組」として掲載された。その文章は「子供団の活動は年中行事に多い」（瀬川清子「子供組」、柳田国男編『山村生活の研究』所収、二一六頁）という言葉で始まっている。そして、その事例を紹介しているが、特別な論の展開は見られない。

すでに紹介したように、柳田国男も子供組という用語を使用している。最も早く使用した例は先に紹介した一九三三年発表の「生と死と食物」においてであったが、一九三七年発表の「昔の国語教育」でも子供組という表現が見られる。これは、山村調査の成果を確認した時期での使用例であるから、瀬川清子の報告を前提にしていたかもしれないが、やはり曖昧な使い方である。柳田が、子供組を具体的に説明すると共に、その意義について述べたのは一九四二年刊行の『こども風土記』（朝日新聞社）においてである。そこでは「こども組」という見出しが付けられている。この項目に到るまでにさまざまな子供たちの集団行事を取り上げている。「こども組」の前の項目は「左義長と正月小屋」である。さて、その「こども組」は以下のような文章で始まっている。

> 正月小屋の中では、おかしいほどまじめな子供の自治が行われていた。あるいは年長者のすることを模倣したのかも知れぬが、その年十五になった者を親玉または大将と呼び、以下順つぎに名と役目とがある。去年の親玉は尊敬せられる実力はなく、これを中老だの隠居だのといっている。指揮と分配とはいっさいが親玉の権能で、これに楯つく者には制裁があるらしい。七つ八つの家では我侭な児でも、ここへ来ると欣々然として親玉の節度に服している。これをしおらしくもけなげにも感ずるためか、年とった老は少しでも干渉せず、実際にまた一つの修練の機会とも認めていたようである。（柳田国男『こども風土記』、ちくま文庫版『柳田国男全集』二三巻、五九頁）

ここでは、柳田は子供組の制度内容に注目している。内部に年齢による秩序があり、統制が行われていることを指摘し、さらにこれに続いて子供組が若者組に接続していることを述べている。一九三〇年代の確立期の柳田の民俗学が社会的問題に関心を示し、さらに山村調査がそのような方面の資料を蓄積したことがここには反映していると見てよいであろう。この観点はその後の子供組理解に大きな影響を与えたものと思われる。

しかも、その子供の集団行事はこの数十年間の間に急激に姿を消してしまったし、子供たちの日常も学校と塾との往復であり、あるいはテレビやゲーム機の前に釘付けになるか、スマホの虜になっている毎日である。子供たちの生活自体を子供組の視点から把握することをさらに困難にしていると言えよう。しかし、すでに過去の存在となってしまったから、それを再検討する必要がないというわけにはいかないであろう。

育児としつけ 柳田国男は『郷土生活の研究法』（刀江書院、一九三五年）において、「誕生したばかりの子供に対して、人間界への加入の承認が行はれることで、謂はゞエントランス・セレモニー（加入式）とでもいふか、これが生れてから一回だけでなくだんだん成長して成年になるまでの間に、何回となくかういふ関門があつてこれを通過するにはそれぞれ儀式をやらねばならなかつたのである」（柳田前掲『郷土生活の研究法』二二八頁）と記述して産育儀礼を生まれてから人間として確定するまでの手続きとして位置付けた。同じ一九三五年に柳田国男は橋浦泰雄との共著で『産育習俗語彙』（愛育会）を刊行した。これはその各種儀礼を誕生から七歳の氏子入りまで順序立てて配列し、各地の民俗語彙を解説したものである。また、具体的には一九四一年発表の「誕生と成年式」（後に「社会と子ども」と改題して『家閑談』所収、鎌倉書房、一九四六年。ちくま文庫版『柳田国男全集』一二巻）で、誕生から始まる儀礼の展開を整理し、社会化の過程を霊魂観との関連で論じている。この視点はその後永く民俗学の常識として存続した。

そして、民間伝承の会は柳田国男の古稀を記念して各種の事業を計画したが、その一つとして雑誌『民間伝承』誌上で、連続特集号を組むことを計画した。その実施計画は『民間伝承』の九巻四号（一九四三年）に発表されたが、その特集の順番は氏神、誕生、生死観、錬成と競技、生産方式、家、社交と協力、祖霊、家庭教育、お祭り、予覚と前兆、結婚という一二回であった。子供に直接関連する課題が誕生と家庭教育の二つ入っていることが注目されよう。課題の選択が柳田国男抜きになされたとは考えられない。当時の民俗学は柳田なくして自主的に問題を設定するほどに発展していなかった。戦争が日増しに激しくなってきた段階に、柳田国男自身は「経世済民」の学としての民俗学を考え、社会に貢献する研究を目指していたことが、このような課題として表現されたものと思われる。そして、翌月の九巻五号に、「共同研究課題」として原稿募集が掲示された。その第二回特集予定の誕生については以下のような課題の問題意識が表明されていた。

新たに出生する児を誰が管理し養育するか、嫁の生家、婚家、村との連関を明かにし、これを司る産神が如何なる神か、又生児の男女別或は長子とそれより以後の生児との間には差別があるかを主題とする。（『民間伝承』九巻五号、一九四三年）

そして具体的に九つの項目が示された。①妊娠の認知、②ハラオビ、③ウブヤ、④ウブガミ、⑤ウブメシ、⑥ウブギ、⑦乳合せ、⑧初外出、⑨氏子入りの九つである。項目としては比較的オーソドックスなものであり、新しい問題発見がここからなされるという予想は必ずしも示されていない。この公募した原稿による特集が予定通り『民間伝承』一〇巻二号（一九四四年二月）に組まれた。そこには三〇の文章が収録されている。大部分は調査報告であり、事例の紹介である。

また、この同じ号に九番目の課題である家庭教育の共同課題要綱が掲載されている。その趣旨説明は次のようになっていた。

古来、我家庭に於ける教育、特に躾(しつけ)は如何に行はれたか。固有の教育の眼目とその方法とを明かにするを根本義とする。(『民間伝承』一〇巻二号、一九四四年)

その項目は次の九項目であった。

①躾の眼目、②躾と年齢、③躾と性、④躾と身分、⑤躾の機会、⑥躾の分担、⑦躾の種類、⑧躾の場所、⑨躾と口承

そして、これに対する全国からの投稿原稿は、戦争の激化のために『民間伝承』が一九四四年の八月発行の一〇巻七・八合併号で休刊となり、すぐには掲載されなかった。その原稿が陽の目を見たのは敗戦後の一九四六年八月の復刊第一号(一一巻一号)においてであった。その号は特集号としては表示されなかったが、巻頭に柳田国男の「教育の原始性」を置いて、倉田一郎「躾の問題」、山口弥一郎「農村の躾」以下の一三の文章を掲載している。巻頭の柳田の文章は敗戦後に執筆されたものである。そのことは文中の意気込みとして表現されている。シツケの問題を発見したのは日本民俗学であるとして、次のようにその研究の意義を説いている。

だからシツケの歴史を明らかにするといふことは、決して過去日本人の生活を考へることでは無い。未来の百千年にかけて、この一つの教育法をどれだけまで応用し、又効果づけるかといふ問題の為

であり、更に現在の弱点にあてはめて言ふならば、是に環境だの感化だのといふ漠然たる名を付けて、折角千年も二千年も続き又進歩して居る人の育成方式を、何の統一も無く又乱雑なもののやうに、速断せしめない警戒の為でもある。この一点だけからでも、日本民俗学はもっと苦闘しなければならない。（柳田国男「教育の原始性」『民間伝承』一一巻一号、一九四六年）

日本民俗学の研究は単なる歴史を明らかにするだけでなく、それを通して未来を見すえるのだという主張をしている。そして、躾については「あたりまへのことは少しも教へずに、あたりまへで無いことを言ひ又は行つたときに、誡め又はさとすのが、シツケの法則だつたのである」として学校教育との相違を指摘している。

民俗学の産育研究は、以上のような動向から明らかなように、一つには出産儀礼とそこに示される神の問題、他の一つには成長過程での躾の問題に集中していたと言えよう。この両者は柳田国男にあってはどちらも重要な課題であった。しかし、その後の研究では後者はそれほどの進展は見られなかった。民俗学研究者の関心は専ら出産儀礼とそこに登場する神に集中した。ただし、研究として新しい解釈や仮説を提示したものは少ない。多くは事例を報告するだけのものであり、また柳田説を解説して事例を当てはめるだけのものである。そのような域を出ていないが、産育儀礼全体を手際よくまとめ、そこにある信仰的な意味を述べたものとして大藤ゆき『児やらひ』（三国書房、一九四四年）がある。コヤライは子育ての完了を意味する言葉である。この育児としつけの問題はむしろ教育学とか児童学さらに社会史的な立場の教育史の世界で常に柳田国男の論に学ぶかたちで研究が行われ、多くの成果をあげている。

しかし、それは最初に述べたように、柳田国男の論を実証済みの定説かのように扱う傾向があり、新たに独自の資料の獲得を伴う論の展開は見られないと言ってよいであろう。

3　子供の民俗学

民俗学は子供に注目して調査研究を行ってきた。その蓄積は決して少ない数ではない（社会民俗研究会編「子どもと社会文献目録」『社会民俗研究』一号、一九八八年）。しかし、その結果としてどのような認識を獲得したのかという点になると非常に寂しいものがある。民俗学といっても、独自の見解を示したのは柳田国男ただ一人というのがこの分野での実情である。子供について「神に代りて来る」存在と把握し、あるいは子供を一人前に仕上げる過程を「群の教育」と理解するのも重要な指摘であり、注目すべき子供理解である。ところが、それ以降の民俗学研究にはそのような基本的な視点や仮説は存在しない。多くの子供について記述した民俗学的文献はいずれも柳田説を前提にして、ただ事例追加的に具体例を紹介するのみであり、柳田批判の新しい子供像を提出してはいない。

それでは、子供を対象にした民俗学の問題としてはどのような課題があるであろうか。あるいは子供について民俗学に期待する問題として何があるであろうか。以上のような学史的検討の結果から民俗学としての課題を考えておきたい。

まず言えることは、柳田の子供理解の呪縛から自由になることである。それはすなわち、「神に代りて来る」という子供を霊的な存在と見る考えを放棄することであり、また同時に子供に遠い昔の大人の信仰の姿を発見するという視点を解消することである。他方で、安易に「群の教育」に依存しないことでもある。すなわち、子供を大人の支配・管理から解放して、子供自体として理解することであり、子供自らの保持する民俗を通してそれを把握することである。事実、そのような可能性を示す論考が提示されるようになってきた。しかし、それらは民俗から構築された研究の結果というよりも、フィリップ・アリエスの『〈子供〉の誕生』（みすず書房、一九八〇年）に代表される社会史の影響が色濃く見られる。その点では他律的な問題発見であるが、民俗学の新たなる展開につながる可能性を秘めていることは間違いないであろう。

五　種明かししない柳田国男

1　先行研究から学ぶ柳田国男

日本の民俗学は柳田国男の非凡な能力があって形成された学問であることは間違いない。柳田国男は一九三〇年代に、『民間伝承論』（共立社、一九三四年）、『郷土生活の研究法』（刀江書院、一九三五年）などの方法論に力点を置いた著作によって民俗学を確立させた。一九〇八年から四半世紀ないし三〇年の峙間を要したのである。それらの著作を読むと、柳田の独創としての民俗学という印象を得る。しかし、民俗学は完全に柳田の頭のなかで創り出されたのではない。柳田は民俗学の形成・確立過程で多くの先行研究から学び、咀嚼し、吸収し、そして自分独自の言葉で表現した。柳田の文章スタイルは基本的に学術論文の形式をとらなかったので、記述に際し参照した先行研究を記したり、引用文献を記したりすることが少なかった。柳田の文章を読むと、彼自身の言葉で書かれていることもあって、彼の独創による考えと解してしまうことが多い。しかし、民俗学形成過程にさまざまな先行研究から学んでいた。

ヨーロッパ民俗学から学ぶ　一九世紀の中ごろに民俗学は成立した。イギリス、フランス、ドイツなどでそれぞれの置かれた社会状況に規定されつつ民俗学は形成されたが、基本的には現代の事象のなかに歴史を発見する学問として次第に明確になった。柳田国男は比較的早くからヨーロッパの民俗学を知り、その文献を読んでいたと思われるが、特に民俗学の確立過程ではヨーロッパの民俗学を参考にした。有名なゴム（G. L. Gomme）の『歴史科学としての民俗学』（*Folklore as an Historical Science*, 一九〇八年）は、早くも一九一四年に発注し、翌一五年一一月に読了し、さらに一八年の一月にも再読完了している。柳田が注目した箇所には印が付けられており、何処に注目し、何を得たかがわかるのである（ロナルド・モース、宇野正人訳「柳田民俗学のイギリス起源」『展望』二一〇号、一九七六年）。柳田は一九二一年、および翌二二年から二三年にかけて国際連盟委任統治委員となって渡欧し、スイスのジュネーヴに滞在した。その滞在中に、ジュネーヴ大学で言語学などの講義を聴き、またヨーロッパ各地を旅した。この体験は帰国後の民俗学確立過程に大きく影響した。

柳田国男の蔵書の中には多くの欧米文献が含まれており、それらを読み、気づいたこと、注意すべき点にチェックをし、またコメントを付けている（田中藤司「柳田文庫所蔵読了自記洋書目録・略年表」『民俗学研究所紀要』二二集別冊、一九九八年）。この注記に注意してはじめて論じたのがロナルド・モースの先の論文である。柳田国男とフレーザーとの関係については伊藤幹治が「柳田国男とJ・G・フレーザーの『金枝篇』（訳書）」（『民俗学研究所紀要』二二集別冊、一九九八年）で検討し、関係を明らかにした。

日本の土俗学・人類学から学ぶ　もう一つの民族学、現在で言う文化人類学は、明治中期に人類学の一部としてヨーロッパから輸入されたが、最初それを土俗学と表現した。土俗学は、各地の土俗を集積し、比較することで文化の進化の過程を明らかにしようとした。土俗とか土俗学という言葉を普及させたのは一八九三年から始まった土俗会とその記録を掲載した『東京人類学会雑誌』であろう。柳田国男が人類学会に加入したのは一九一〇年と遅いが、人類学から学んだことは多い。土俗会は毎年一回テーマを決めて各地から集まった人々がこもごもに地方の生活を報告する座談会であった。この方式は、一九三五年に開催した日本民俗学講習会でも採用され、午前中は講義、午後は参加者の座談会ということで行われた。柳田の土俗学、人類学への反発は大きく、絶えず批判をしているが、それは方法的には共通するものが少なくない近縁性の故と理解される。

近世文人から学ぶ　柳田国男の民俗学方法論を説いた代表的著作『郷土生活の研究法』（一九三五年）において研究史を記述する際に、この学風の芽生えを本居宣長の『玉勝間』の有名な記事に求めている。そこに示された認識は宣長だけのものではない。宣長よりも早く幾人もの文人たちが表明していたことである。西川如見は地方の言葉が優雅で古い名残であることを指摘して「神代の遺風は結句外鄙に残りてある事多しとかや」と表明している（西川如見『町人嚢』）あるいは荻生徂徠が「古の詞は、多く田舎に残れり。都会の地には、時代のはやり詞といふ物、ひた物に出来て、ふるきは、みなかはりゆくに、田舎人は、かたくなにて、むかしをあらためぬなり」（荻生徂徠『南留別志』）と述べている。言葉は中央よりも地方に古いものが残り、それは言葉だけでなく行為についても言えることであり、現在地方で行われていることは神代の遺風である。柳田国男は、このような近世文人たちの認識を学び、継承した。

2　根拠を示さない柳田国男

柳田国男の厖大な著作はほとんどが学術論文のスタイルをとっていない。問題提起を明示し、研究法や手続きあるいはデータを提示し、研究結果を分析方法と共に示し、結論としての主張をするという論文の書き方に慣れ親しんだ者にとっては、非常にわかりにくい文章である。また概念や用語を明確にしたり、定義したりすることもほとんどなかった。そのような文章作法が作り出した特色の一つとして、出典を明確にしないということがある。柳田国男が提出した方法とか仮説が彼の独創性によって作り出されたと解してしまうのも、出典とか参照文献、先行研究などについて記載しないことが大きく影響している。柳田国男は、自己の見解の形成過程で、あるいは研究成果のとりまとめの過程で、参照したり、参考にしたりした先人の研究成果を明示しなかったことが多い。種明かしをしないのである。以下でいくつかの例を示しておこう。

重出立証法　柳田国男は『民間伝承論』（一九三四年）において「我々の方法」を提示した。それが重出立証法（じゅうしゅつりっしょうほう）である。重出立証法という言葉で研究法を示したのは『民間伝承論』のみである。その『民間伝承論』は彼が自ら筆を執って著したものでなく、講義録とも言うべきものである。一九三三年九月から一二月まで毎週一回自宅の書斎に直弟子たちを集めて講義をしたが、その受講者の一人であった後藤興善が講義を筆記し、編集したのが『民間伝承論』である。そのため、ここにしか登場しない重出立証法は彼の設定した用語かどうか疑う説もあるが、一九三七年の東北大学での集中講義でも「重出立証法こそ民俗学の学として立得んがための生命であることを説かれ」と受講生の大島正隆から報告されている（大島正隆「日本民俗学講義（東北大学）」『民間伝承』三巻三号、一九三七年）。直弟子を前に、また大学での集中講義という、専門性を伴う講義に際しては柳田自身が民俗学の研究法を重出立証法と命名して説明していたことは間違いないであろう。

その重出立証法は、『民間伝承論』によれば、次のように説明されている。

ところが一たび我々の集めるような人生事実を、新しい史料に採用することになると、さような苦労をする必要はもうなくなって来る。たとえばこの社会の最大事件、人が飯を食い、妻まぎをするということなどは、過去にも何十億回とくり返され、また現前にも到る処に行われている。それほどでなくとも年に一度、一代に一遍は必ずあることが、村ごとにある歴史を告げようとしているのである。私たちのいう重出立証法は、いたって安全に今までの厳正主義に代わることができるのである。(『民間伝承論』、ちくま文庫版『柳田国男全集』二八巻、三一九頁)

そして、「我々の重出立証法はすなわち重ね撮り写真の方法にも等しいものである」(同、三一九頁)と述べている。この短い「我々の方法」の文章には、参照文献も引用文献も登場しない。すべて柳田の独創としての文章である。したがって、重出立証法も彼の独創によるものと理解されてしまうことになる。

重出立証法は「重ね撮り写真の方法にも等しい」とした表現は、すでに佐藤健二が指摘しているように(佐藤健二「方法としての民俗学／運動としての民俗学／構想力としての民俗学」、小池淳一編『民俗学的想像力』せりか書房、二〇〇九年)、坪井正五郎の所説から学んだものである。そして、柳田自身は直接触れないものの、後に民俗学研究所編『民俗学辞典』(東京堂、一九五一年)において重出立証法の説明として採用されたゴムの図式は柳田の示唆とか教示・指摘がない限りは、他の民俗学研究者は気づかない事柄であったと思われる。すでに指摘したように、柳田国男はゴムの『歴史科学としての民俗学』を早く購入し、それを二回にわたって読み通し、ゴムの記述の注意すべき箇所には印を付けているのである。恐らく、日本でゴムの著作を所持している民俗学研究者は柳田を除いては皆無であり、柳田を介さなければ知ることはなかったと思われる。柳田自身が『民間伝承論』において重出立証法を説いたときには、すでにゴムの『歴史科学としての民俗学』は読んでおり、そこから学んだ成果が組み込まれていたことは間違いない。ロナルド・モースが指摘するように「柳田民俗学のイギリス起源」である。

しかし、柳田国男はゴムに触れることはほとんどなく、わずかに味噌買橋の話に関して紹介しているに過ぎない（柳田国男「味噌買橋」『民間伝承』四巻五号、一九三九年）。特に民俗学の方法についてゴムの著作を紹介することも、引用することもなかった。これが種明かしをしない柳田国男の第一点である。

周圏論　周圏論は、重出立証法と並ぶ民俗学の方法を示す用語である。柳田国男が方言周圏説として一九二七年発表の「蝸牛考（かぎゅうこう）」のなかで提示した。それを、一九三〇年に全面的に書き改めて『蝸牛考』（刀江書院）として刊行し、さらに一九四三年に補訂して改訂版を出した。その「改訂版序」において、以下のように簡潔に説明している。

国語の改良は古今ともに、まず文化の中心において起るのが普通である。ゆえにそこではすでに変化し、または次に生れている単語なり物の言い方なりが、遠い村里にはまだ波及せず、久しく元のままでいる場合はいくらでもあり得る。その同じ過程が何回となく繰り返されて行くうちには、自然にその周辺には距離に応じて、段々の輪のようなものができるだろうということは、いたって尋常の推理であり、また眼の前の現実にも合していて、発見などというほどの物々しい法則でも何んでもない。私は単に方言という顕著なる文化現象が、だいだいにこれで説明し得られるということを、注意してみたに過ぎぬのである。(『蝸牛考』創元社、一九四三年。ちくま文庫版『柳田国男全集』一九巻、九頁)

そして、重出立証法が各地のデータを比較して時間軸に置き換える際の唯一の仮説として周圏論は理解され、方言周圏論から方言がはずれ、単なる周圏論となり、場合によっては民俗周圏論、さらには文化周圏論とも呼ばれるようになった。民俗学にとって重要な仮説であるが、出発となった方言周圏論は国語学上に重要な位置を占めた。この方言周圏論を柳田が提示した前提としてどのような先行研究があり、またそれらから柳田はどの部分を学んで自己の学説を形成したのかは早くから議論されてきた。これも柳田が種明かしをしなかったからである。

柳田が触れていないが、周圏論の前提となったとして指摘されている諸理論は以下の三点である。それぞれについての問題点も含めて示しておこう。

まず第一は、同心円的分布から解釈する点において農業立地論として知られるドイツのチューネンの『孤立国』で提示されたチューネン圏からの影響である。チューネン圏は、同心円の中心部に唯一の都市があり、その中心に近い圏には集約的な農業が成立し、外側に行くほど粗放的な農業になるというものである。都市を中心に置き、いくつもの同心圏を設定して、そこに新旧をみる周圏論と共通した考えである。しかし、柳田の周圏論についての記述の中にはチューネンの名前も『孤立国』の著作も、そしてチューネン圏という用語も登場しない。しかし、農政学・農政官僚であった柳田国男がそれを知る機会は間違いなくあったし、事実別の機会にはチューネンを登場させている。それは伊豆大島の土地利用についてで、御神火を中心に五つの土地利用が見られることを指摘し、「チューネンの孤立国 Isolierto Staat の法則を実現したもので」と述べている（「島々の話」その二、一九一〇年。『島の人生』所収、創元社、一九五一年）。しかも、先に紹介したように（Ⅱ―一）、学生時代のノートに早くもチューネンとその著作がメモされているのである。そして、柳田自身もチューネンの孤立国からヒントを得たことを口頭では認めていたという（千葉徳爾『民俗と地域形成』風間書房、一九六六年）。しかし、最後まで周圏論との関係でチューネンを登場させることはなかった。

第二に、ヨーロッパの言語地理学から学んだことである。国際連盟委任統治委員としてスイスのジュネーヴに滞在した折、ジュネーヴ大学で言語地理学の講義を聴講し、また論文を入手し読んでいた。「蝸牛考」では触れていないが、別の論文で「方言領域連続の法則」という用語で、方言の分布からの解釈法を説明し、それがフランスの方言学の理論であることを紹介している（柳田国男「シンガラ考」一九二九年、『小さき者の声』『定本柳田国男集』二〇巻）。柳田国男のジュネーヴ滞在が周圏論成立に大きく関わっているという岡村民夫『柳田国男のスイス―渡欧体験と一国民俗学―』（森話社、二〇一三年）の指摘は無視できないであろう。

第三は、フィンランド学派の民俗学理論である。カールレ・クローンの『民俗学方法論』が出されたのが一九一六年である。クローンは昔話の発生と伝播について、一種の周圏論で解釈しているが、それは発生地ほど整った完形品が伝えられ、伝播された遠方ほど変化形が見られるというものである。結果的には、柳田の周圏論とは逆の解釈であるが、周圏的分布から解釈する点においては共通している。しかし、この点についても柳田国男は口を開かない。

以上のようなヨーロッパの理論からの影響に加えて、近世の文人たちの辺境ほど「神代の遺風」が見られるという認識からも学んでいることは明らかである。しかし、「蝸牛考」や『蝸牛考』で、それらに触れることはない。その点では、重出立証法と同じである。ただし、門弟たちの質問に答えて、それらの影響について認めてはいたが、明示はしなかった。

ハレとケ　柳田国男が設定し、民俗学の基礎的用語として扱われ、基本概念としての位置を占めている語にハレとケがある。柳田国男は『明治大正史世相篇』（朝日新聞社、一九三四年）、『木綿以前の事』（創元社、一九三九年）、『食物と心臓』（創元社、一九四〇年）などにおいてハレとケを設定している。その最も明瞭な説明は以下の『木綿以前の事』のものであろう。

> 食物の変遷、我々日本人の食事が前代と比べて見て、如何に改まつて居るかを知るには、最初に先づ晴と褻との差別を明らかにしてかゝる必要がある。何れの民族に於ても共通に、この二つの者の次第に混同して来たことが、近世の最も主要なる特徴であつたからである。晴と褻との対立は、衣服に於ては殊に顕著であつた様に考へられて居る。晴衣といふ語は標準語中にも尚存し、褻衣といふ語も対馬五島天草等、九州の島々には方言として行はれて居る。即ち一部には今も活きて働いて居るのだが、しかも両者の境目は次第に忘れられようとして居る。（中略）我々は改まつた節には晴の膳に坐り、常の日には今でも褻の飯を食つて居るのである。（柳田国男「餅と臼と摺鉢」一九三四年、

『木綿以前の事』『定本柳田国男集』一四巻、五六〜五七頁）

ハレとケの対比的把握を行っているが、ハレについては日常語としての存在を指摘し、それに対してケの根拠は対馬、五島、天草など九州の離島で行われている言葉であるとし、それを取り上げてハレと対比させたのは自分であるということを示唆的に述べている。

それ以降、ハレとケという対概念は柳田国男が設定したということが通説化し、民俗学の常識となってきた。しかし、これにも種明かしをしない柳田国男が明確に存在するのである。この場合は、種は欧米理論ではなく、日本の文字資料である。

あたかも柳田国男が設定した対概念かのように理解できる表現は明らかに意図的であった。柳田が十分に知っている文献にすでにハレとケの対概念化は見られるのである。それは『徒然草』の一九一段の以下の文章である。

> さして異なる事なき夜、うち更けてまゐれる人の、清げなるさましたる、いとよし。若きどち、心とゞめて見る人は、時をも分かぬものなれば、ことに、うち解けぬべき折節そ、褻・晴なくひきつくろはまほしき。よき男の、日暮れて晴れてゆするし、女も、夜更くる程にすべりつゝ、鏡取りて、顔などつくろひて出づるこそをかしけれ。（『日本古典文学大系』三〇巻、岩波書店、一九五七年、二四八頁）

この「うち解けぬべき折節ぞ、褻・晴なくひきつくろはまほしき」という表現を柳田国男が知らないはずはない。このハレとケの対比的表現はその他にも多く見られるのである。

中世の語源辞書である『名語記』には、「けはれ」あるいは「はれけ」という表現の語を次のように解説している（『日本国語大辞典』第二版、小学館、二〇〇一年、「はれ」および「はれけ」の項目）。

> けはれのはれ、如何。答。はれは晴也。雨儀、夜儀、ひとめしげからぬ所はけ也。褻とかけり。
> はれけのけ、如何。けは褻也。天はれて、きらきらしき日をば、はれとなづく、晴也。

けの解説にははれを、はれの解説にはけを説明しているだけであり、語義解説にはなっていないが、少なくとも当時けとはれが対になつて使用されていたことを教えてくれる。

中世にははれとけが日常用語として使用され、しかも一対の言葉になっていたことは、「褻にも晴れにも歌一首」とか「褻にも晴れにも唯一つ覚えて居りまする……」などという表現が狂言のなかに登場することで判明する（前坊洋「はれといふおもひ」『東北公益文科大学総合研究論集』五号、二〇〇三年参照）。そして『日葡辞書』においても、Qe については「複合語以外には用いられない」と注記し、「Qefare（褻晴）祝祭などがなくて、人出て賑わうことのない、普通の時と、祝祭などのある時と」（『日葡辞書』「Qe」の項目）と説明されている。さらに近世になれば「褻にも晴にも」という慣用句の使用例は増える。そして、喜田川守貞『守貞謾稿』（近世風俗志）には以下のような解説が見られることになる。

> 今世、三都とも士民式正には熨斗目、次に紋付染小袖なり。また晴の服略にも紋付を用ゆといへども稀にして、縞物を専らとす。因みに云ふ、晴服女児は余所行きの着物と云ひ、褻を常着あるひは不断着とも云ふなり。今仮に次第す。礼・晴・略・褻四等をもつてこの書に分かつは、守貞の私制のみ。（『近世風俗志』二、岩波書店、一九九七年、三〇三〜三〇四頁）

古典をよく読み、博学であった柳田国男がこれらについて一つも知らなかったということはないであろう。柳田国男がハレとケを対概念化するに際し、ケを九州の離島の方言にある褻衣に根拠を求めているのは意図的であったと言うべきである。民俗学は人々の語る言葉、行っている行為によって歴史を認識する学問であることを主張しなければならない立場であることを自覚し、そのために文字資料中に登場する晴と褻から学び、あるいはヒントを得て設定したにもかかわらず、そのことを隠し、方言に根拠を置き、対概念化は自らの設定かのように提示したものと考えられる。

3　他人の用語は採用しない柳田国男

柳田国男が負けん気の強い人物であったことは知られている。人後に落ちることを潔しとしない人物であった。そのことは種明かしをしないことにも表れているが、それ以上に強く現れたのが用語の採用においてである。特に弟子としての立場を表明していた折口信夫に対する特異な感覚が、折口信夫の設定した用語を自ら用いることをせず、また民俗学の用語として使用することも許容しなかった。その典型的な例として依代(よりしろ)がある。依代をめぐる折口信夫と柳田国男の確執あるいは緊張関係についてはすでに多くの論があり、大方は明らかになっている。折口信夫の「髯籠(ひげこ)の話」を雑誌『郷土研究』に掲載する際の柳田国男のとった処置である。これについてはここでは触れないので、先行研究を参照していただきたい（池田弥三郎『私説折口信夫』中央公論社、一九七二年。同『折口信夫』日本民俗文化大系二、講談社、一九七八年。福田アジオ「柳田国男の敗北」『民俗に学んで六〇年』所収、大河書房、二〇一八年）。

折口は「髯籠の話」で依代という新しい概念を登場させ、その意義を論じた。依代という言葉は日本語として古くから存在したように思われているむきもあるが、日本の古典には依代という言葉は登場しない。また現代日本語としても存在しなかった。『広辞苑』も早い版では依代が立項されていない。言い換えれば、依代は新しい単語であり、折口信夫が創り出した単語である（以上の確認は、蟹江秀明「『よりしろ』と『よりまし』」『社会と伝承』一五巻一号、一九七六年）。

折口信夫は「髯籠の話」（『郷土研究』三巻二号、三号、四巻九号、一九一五〜一八年）で以下のように依代を提示した。ここから日本語としての依代は始まった。

神の標山（しめやま）には必神の依るべき喬木（きょうぼく）があつて、而（しか）も其喬木には更に或よりしろのあるのが必須の条件であるらしい。併しながら依代は、何物ても唯神の眼を惹くものでさへあれはよろしいといふわけには行くまい。（中略）今少し進んだ場合では、神々の姿を偶像に作り、此を招代（おぎしろ）とする様になつた。（中略）蓋（けだ）し我古代生活に於て、最偉大なる信仰の対象は、やはり太陽神であつた。（「髯籠の話」『古代研究』、中公文庫版『折口信夫全集』二巻、一八五〜一八六頁）

「髯籠の話」における仮説は、神を招き、まつるためには、神の降臨を仰ぐための山（標山）が必要であり、その山のなかの特定の樹木（喬木）に降臨して貰うが、そのためには喬木を特定するための依代＝招代を付けることが不可欠であったとする。その依代は招く神の偶像であり、問題としている紀州粉河（こかわ）の髯籠は太陽を象徴するものとした。標山→喬木→依代という組み立てと依代が神の姿を象徴するというのが折口の仮説であった。卓見というべき仮説である。周知のように、依代は今では民俗学の基本用語の一つである。民俗学の講義を聴講した者であれば誰でもが知っている用語である。しかし、この語を柳田国男は使用しなかった。『定本柳田国男集』別巻五の索引によると、依代はわずかに二回、招代は一回のみの登場である。全部で本巻三一・別巻五のなかでわずかに三回というのはほとんど使用していないのに等しい。柳田国男が依代に近い言葉として使用したのは神代、依坐（よりまし）であるが（小川直之「神去来と依代論の再検討」、国学院大学折口博士記念古代研究所・小川直之編『折口信夫釈迢空—その人と学問—』おうふう、二〇〇五年）。これらは柳田国男自身もこだわって用いず、したがって普及することはなかった。

折口信夫の提示した依代を誰が民俗学の基本用語の位置に引き上げ、普及させたのかを検討する余裕はないが、第二次大戦後には依代は間違いなく基本用語になっていた。しかし、折口信夫が与えた意味とは大きく異なってしまっていた。それは現在刊行されている各種の民俗学辞典での依代の定義や説明を見れば明らかである。戦後最初の民俗学辞典である柳田国男監修、民俗学研究所編『民俗学辞典』（東京堂、一九五一年）の「依代」の項は次のように説明する。

> 神霊のよりつくもの、すなわち憑依体のこと。（中略）樹枝を本体としたもので、樹木に神霊が降臨するとの信仰にもとづくものである。樹の枝を手にした者が神の憑依体として神託を発するとの観念を示している。種々の例を通じて樹木や石に神霊が宿るとの信仰が古く且つ有力なものであったことを知り得る。

このような説明をして、文末の参考文献として柳田国男の『日本の祭』（弘文堂、一九四二年）のみを掲げ、折口の「髯籠の話」が記されていない。依代が折口によって提出された概念であることを完全に無視し、したがって折口の言う依代の意味を完全に脱落させ、神の憑依する物体としての樹木であるとしている。参考文献に「髯籠の話」がないのもよくわかる説明である。これ以降、今日まで折口の依代の独自性に注目し、そこから問題を設定して考えようとする研究者はいなかった。

これも柳田が依代を無視したことに始まると言ってよいであろう。比較的具象的な依代でさえ、柳田はそれを採用することをしなかった。まして折口語彙ともいうべき特別な概念は柳田国男によって全く無視された。たとえば折口のマレビトなどは柳田の文章には全く登場しないのである。

4　研究課題を提供する柳田国男

柳田国男は、自己の研究について、学んだり参考にしたりした先行研究を文中や文末に示すことはほとんどしなかった。種明かしをしないまま記述を行った。そのため、却って柳田の独創的見解と誤解されるようになった。また他の研究者が提出した用語や概念を採用することもほとんどしなかった。柳田の唯我独尊の研究態度であった。加えて、柳田の文章は論文のように論理的に起承転結を示すことは少なく、特に結論が明示されることは少なかった。

このようなことが、次の世代に柳田説の根拠や依拠した先行研究あるいは概念を明らかにするという研究課題を残すことになった。柳田国男論だけでなく、民俗学においても、柳田国男が種明かしをしなかった問題を詮索して、柳田が学んだり、参考にしたりした先行研究を明らかにして、柳田の位置付けを改めて行うことが当たり前になった。柳田は実に多くの究明し検討すべき問題を残してくれたのである。

Ⅳ　日本民俗学の特色と今後の方向

1　困った二つの動向

日本の民俗学は一九八〇年代にはその存在感を大きくし、日本の社会や文化を考える際には参照すべき学問であると考えられることも多かった。実際、歴史学はじめさまざまな人文・社会科学の分野で民俗学の研究を参照し、また連携しようとする動きが見られた。特に、社会史研究の隆盛はその傾向を強めた。しかし、九〇年代に入り、それまで高く評価され、学ぶべき存在とされてきた開拓者柳田国男の思想や認識が厳しく批判されるようになり、それに伴い民俗学への批判も厳しくなった。「落日の中の日本民俗学」と評され、耐用年数の過ぎた民俗学、脳死状態の民俗学と厳しく批判された。

このような民俗学を改めて意味ある存在にしようとする試みが近年進められている。民俗学の全体像を再構築しようとする動向である。活力ある民俗学に再びなろうとする努力であり、大いに歓迎すべきものと言うべきであるが、その動向は二つの相反する方向で示されている。一つは欧米民俗学の近年の動向に活路を見つけようとするものである。他の一つは民俗学を柳田国男へ回帰させようとする動きである。いずれも現在の日本の民俗学の特質を考慮せずに、別の民俗学を目指そうとしている点に問題がある。

欧米民俗学を基準に　第一の動向は、欧米の民俗学を参照し、そこに民俗学のあるべき動向を見つけ、それを日本の民俗学にも採用するというものである。日本の民俗学は先達の柳田国男が民俗学形成過程でヨーロッパの民俗学を参考にしたことは広く知られている。そして柳田の指導下にあった民間伝承の会の機関誌『民間伝承』も欧米民俗学の紹介にページを割いて、その関心を失わなかった。ところが戦後の民俗学はほとんど完全に日本以外の地域の民俗学への関心を消失してしまった。学会組織である日本民俗学会は日本における民俗学研究の学会ではなく、日本を研究対象とする民俗学の学会組織として存在してきた。そのことは会員構成に見事に示されていた。機関誌である『日本民俗学』には海外の民俗学の理論が紹介されたり、論評されたりすることはほとんどなく、また海外の民俗を対象とした研究も掲載されることはごくまれであった。

戦後の欧米民俗学は旧来の民俗学を反省し、新たな内容、方法、課題を持つ民俗学へと大きく転換してきたということを知り、その動きを日本へも導入し、日本の民俗学の転換を図ろうとする動きが二一世紀に入って顕著に見られるようになった。その動きは、アメリカにおける民俗学の動向への注目から始まった。すでに一九九〇年代にその動向は形成されつつあった。

アメリカにおける新しい研究動向として提出されたのが現代社会、特に都市社会において語られる話の研究である。ブルンヴァンの『消えるヒッチハイカー』の日本語訳が大月隆寛らによって行われ刊行されたのが一九八八年であった（新宿書房）。そのなかでUrban Legendを都市伝説と訳した。この都市と伝説を結び付けた用語の新鮮さはたちまち日本でこの用語を普及させ、さらに民俗学の外に及び、マスコミが取り上げることとなった。今や都市伝説は民俗学の用語ではなく、テレビやインターネット上の日常語となっている。この都市で伝説を考えるという新鮮な思考は日本の民俗学に大きな影響を与えた。アメリカの民俗学を参照し、日本の民俗学に取り入れるべきだという考えが菅豊らによって表明されることとなった。しかし、アメリカの民俗学は専ら口頭で語られる事象を対象にしており、都市伝説がそのことを明白に示していた。必ずしも日本の民俗学に対応するものではなかった。その点ではアメリカの民俗学を参照し、日本でも行うべきだという見解が受容されることは困難であった。

二一世紀に入って急速に参照すべき存在として浮上してきたのがドイツの民俗学である。ドイツでは旧来の民俗学を反省して新しい民俗学へ脱皮しようとする動向が一九七〇年代から強くなってきていた。それは基本的には過去指向の民俗学から現代の民俗学へと転換することであった。この動向については早くは坂井洲二が『ドイツ民俗紀行』（法政大学出版局、一九八二年）で紹介していたが、その時点ではそれほどの反響を呼ぶものではなかった。その後、河野眞が熱心にドイツ民俗学について新しい動向を紹介する作業を行った。河野がドイツ民俗学を主導してきたヘルマン・バウジンガーの『科学技術世界のなかの民俗文化』（初版一九六一年、改訂版一九八六年）を日本語訳して刊行したのが二〇〇一年であった（愛知大学国際コミュニケーション学会）。民俗文化を過去の理解から解き放ち、現代の科学技術世界との関連で把握しようとする考えは、その後じわじわと影響を与えるようになった。二〇一〇年代に入り、島村恭則などの主張によって、参照する動向は急速に強まった。二〇一八年の日本民俗学会年会がドイツの民俗学研究者を招聘してシンポジウムを行ったことにそれはよく示されている。

そのドイツを中心とした民俗学の新しい動きは現代社会の日常生活を研究するのが民俗学だとするも

ので、過去指向の民俗学からの転換を図ろうとするものであった。多くの論調に示されたのは、日本の民俗学の蓄積を前提にせずに、新しい動向を称賛し、それを輸入しようとする、直輸入の民俗学である。明治国家が欧米の諸科学を輸入したと同じように、ひたすら欧米に学ぼうとする。日本の民俗学は、柳田国男によってそのような直輸入の学問が批判された結果として登場したものであるが、そのことが忘れられ、再び輸入学問に戻そうとする動向と言える。

民俗学は日本独自の学問　もう一つの動向は、日本の民俗学は欧米その他の民俗学とは異なるものであり、他の民俗学を参照する必要はないという立場であり、柳田国男の民俗学をそのまま固定的に継承しようとする。

この立場を主導した新谷尚紀は『民俗学とは何か』（吉川弘文館、二〇一一年）において、日本の民俗学について「イギリスのフォークロアとも、ドイツのフォルクスクンデとも、またエスノロジー（民族学）やカルチュラル・アンソロポロジー（文化人類学）とも、たがいに一定の共通点はありながらも、柳田国男が提唱し折口が協力した学問はその根本においてそれらとは明らかに異なる学問」（同、六頁）としている。

このように、日本の民俗学の独自性の主張は、当然のことながら日本の民俗学の開拓者である柳田国男の民俗学を高く評価し、柳田国男の民俗学をそのまま継承しようとする。今まで指摘されてきた疑問点や提起されてきた問題点を検討することなく、研究成果はもちろん、柳田国男が提唱した研究法までもそのまま継承しようとする。柳田国男が重出立証法とか周圏論で提示した比較研究法のみを民俗学の研究法とする。言い換えれば民俗学を柳田国男の民俗学に戻して固定しようとする。先祖返りの民俗学と評することができよう。そして日本の民俗学は日本独自のもので、他の民俗学とは異なる、日本固有の学問としての民俗学を標榜する。民俗学は日本社会、日本文化を研究する学問であり、その本来のあり方を明らかにしようとする。すなわち日本文化の本質主義的理解を目指す立場に結びつく。

この立場は民俗学の学問としての国際性を否定する、ナショナリズムの民俗学であり、鎖国の民俗学と言えよう。これは柳田国男を高く評価し、柳田国男に学ぼうとする柳田国男論と結びつく。柳田国男の思想を高く評価する柳田国男論は、民俗事象と自ら格闘して解答を出そうとするものではない。柳田の見解を間違いのない研究成果と考え、それを取り出し、学ぶ立場であり、民俗学とは異なるものである。その柳田国男論はしばしば日本文化や日本社会を内在的に把握し、理解したのが柳田国男の民俗学であるとする。意図することなく、一国民俗学の立場を肯定する。しかし、民俗学は一定の対象と方法をもった学問分野であり、柳田国男の思想や主張表現の手段ではない。民俗学は柳田国男から切り離さねばならないであろう。

2　日本の民俗学も欧米その他の地域の民俗学と同じ学問

一九世紀にヨーロッパで成立した民俗学　民俗学は一九世紀にヨーロッパで成立した。民俗および民俗学という日本語に訳される英語は Folklore であるが、この Folklore という語は古くからある単語ではない。Folk と Lore という別の単語を結び付けて作られた合成語である。一八四六年にウイリアム・トムズがアンブローズ・マートンというペンネームで雑誌 *The Athenaeum* の編集者へ書簡を送り、それまでは民衆古物、民衆文芸と呼んできたものを、内容は文芸というよりも知識（Lore）であるので、今後は人々の知識（The Lore of the people）という意味で Folklore と呼び、それを雑誌で積極的に扱うべきことを提唱した。それが九八二号に掲載された（Alan Dundes *The Study of Folklore*, 1965）。これ以降、フォークロアという言葉と共にその収集、さらに研究が行われるようになった。そして一八七八年にはイギリス民俗学協会が組織され、その世紀の終わりには活発な活動が見られるようになつた。ゴム（G. L. Gomme）の『歴史科学としての民俗学』（*Folklore as an Histrical Science*）が刊行されたのは一九〇八年であった。そのころには米国でもフォークロア研究が行われ出しており、またフランスでも Folklore が使用されるようになった。

ドイツ語の民俗学は Volkskunde であるが、この言葉も古くからドイツ語にあったのではない。しかし、英語の Folklore よりも早く登場したことが知られている。一般的に知られているのは、一七八七年にプラハのヨーゼフ・マーダーが『ベーメンの国土とフォルクと国家の実用学への手引き書』のなかで使用したのがその最初ということである（ヘンルマン・バウジンガー、河野眞訳『フォルクスクンデ ドイツ民俗学―上古学から文化分析の方法へ―』文絹堂、二〇一〇年、原本初版は一九七一年）。しかし単語としての用例はそれよりも五年早く、一七八二年創刊の旅行雑誌『旅行のしるべ』に登場するという（インゲボルグ・ウェーバー＝ケラーマン／アンドレーアス・C・ビマー／ジークフリート・ベッカー、河野眞訳『ヨーロッパ・エスノロジーの形成―ドイツ民俗学史―』文絹堂、二〇一一年、原本初版は一九六九年）。ドイツの民俗学はロマン主義の色合いが濃く、民族や国民を強調するものであった。

これらのFolklore, Volkskundeが日本で民俗、民俗学と訳され、日本の民俗学となったのである。

日本語の民俗、民俗学の来歴　民俗、民俗学という語は日本語表現としては新しい。もちろん民俗については中国の漢籍に記載された古い言葉であり、日本でも六国史や『平安遺文』収録の文字資料にその用例を見ることができるが（岩本通弥「『民俗』概念考―柳田国男が一国民俗学を唱えるとき―」『超域』一五号、二〇一〇年）、ごくわずかであり、日本でそれが使用されることは久しくほとんどなかった。日常の用語ではない民俗は、近世には知識人の文章で、近代では行政上の言葉として使用されだした。それは現在の学問としての民俗学が使用する民俗の意味ではなかった。

民俗の早い使用例としては関祖衡（せきそこう）の『新人国記』をあげることができる。『新人国記』は戦国時代に成立したとされる国別に人情・風俗を評した『人国記』を増補し、注記を追加したもので、一七〇一年に成立した（浅野建二校注『人国記・新人国記』岩波書店、一九八七年）。その佐渡国の記述を見ると以下のようである。『人国記』の文章を最初に掲げ、次いで「按ずるに」として関の見解を記している。

当国の風俗は、越後に似て気狭くして、伸びやかなる事なし。心愚痴にして、極めて頑（かたくな）なり。武勇は強といへども、善としがたし。

按ずるに、当国は越後・能登の沖中にある島なり。寒風烈しく雪深し。民俗尤も狭し。本書詳らかなり。

『人国記』が「風俗」を使用しているのに対し、関の『新人国記』は民俗を使用している。民俗は人々の行っている事柄ではなく、性情、性質、気質などを意味している。佐渡国の人々は「民俗尤も狭し」としているのである。その他の国についての民俗の記述をいくつか紹介すると以下のようである。

本書に説く所の民俗、これ皆海浜・都会の故なり（摂津）

民俗本書に詳らかなり。尤も軽く薄き風儀なり（伊勢）

民俗本書に説くごとく宜しからざる風なり（甲斐）

民俗本書の説くところのごとく、人の心堅固なり（上野）

民俗温和なり（加賀）

民俗本書に見ゆ。山谷の秀気を受くる故、上下智恵聡し（石見）

現在の民俗学が用いている民俗とは大きく異なる用法であることがわかる。現在も時々使用される県民性に近い用法と言える。これとは違い、「民俗のならひなり」（『閭里歳時記』一七八〇年）というように、後世の民俗の意味に幾分か近い用法も少ないが存在することに注意しておく必要があろう。

明治新政府は行政上の用語として民俗を使用した。一八七四年に各県に国史編纂を指示したが、国史というのは維新以来の行政の変遷や経済の変化を意味し、それらを記述編纂することを求めた。その記述の基準として翌年「分類例則」を指示した。そこには、県庁、制度、政治、県治、付録に分類され、その県治は地理、戸口、民俗、学校、警保に再分類されていたが、その一項に民俗があった。この場合の民俗は人民の風俗のことであった。各県、あるいはその下の各郡の民俗の記載には年中行事、信仰行事、冠婚葬祭などが取り上げられているが、そこには「淫風」「悪弊」「奢侈」「野鄙」「固陋」という評語で満ちあふれていた（国立公文書館デジタルアーカイブ https://www.digital.archives.go.jp/「府県史料」）。単に珍しい風俗を紹介するというのではなく、行政側から見た場合の非難すべき、矯正すべき古くさい間違った風俗が専ら記述されたのである。この民俗という用語はあくまでも行政的な記述で行われたので、社会に普及することはなかった。

現在のように研究対象として把握される事象を民俗と呼び、それを研究する学問領域を民俗学と呼ぶようになったのは、英語の Folklore, あるいはドイツ語の Volkskunde の訳語として採用されたからである。一九一一年に上田敏が講演のなかでイギリスのフォークロアを紹介した。そこで、Folklore を俗説学と呼んだが、そのなかの Folk music を民俗楽、Folk drama を民俗劇として紹介した（上田敏「民俗伝説」『上田敏全集』六巻、教育出版センター、一九八〇年）。これは民俗が学術用語として登場した最初と言えよう。また一九一二年石橋臥波を中心に日本民俗学会が組織され、機関誌『民俗』が発刊された。その主意書において、民俗学は Volkskunde の意味であると述べると共に、Folklore の来歴も紹介した。ここに民俗、民俗学が研究上の用語として確定したのである。

民俗は近世文人の民俗や明治新政府の行政用語の民俗と無関係ではないが、それが直接に研究上の用語になったのではなかった。Folklore や Vokskunde の訳語として民俗があてられ、また民俗学と訳されたことによって登場したのである。現在の民俗という用語が把握する事象とほぼ同じ事象を研究することはこれ以前から行われていたが、それは人類学のなかの分科としてで、土俗という用語で表現され把握されていた。

土俗、土俗調査、土俗学であるが、これらはFolkloreやVokskundeの訳語ではなく、当時の人類学の指導者坪井正五郎の説明によれば土俗学はEthnographyのことであった。民俗、民俗学が学術用語になったのはFolkloreやVokskundeの翻訳語として採用されたからである。

日本の民俗学も欧米民俗学を学んで発展してきた　柳田国男は民俗学という言葉の使用に躊躇したとされる。確かに自分の学問を郷土研究としたり、民間伝承論と表現していた。柳田国男の記述に民俗や民俗学という用語を見ることは比較的少ない。それは、自分の学問とその成果を広く普及させるために、社会に一般的に流通していない、硬い表現の民俗、民俗学を用いなかったためであると思われる。しかし、一九三五年夏に開催した講習会は日本民俗学講習会であり、その記録集は『日本民俗学研究』（岩波書店、一九三五年）であった。また一九三〇年代には、東北大学、京都大学などで民俗学と題して集中講義を行った。民俗学を学問的に確立させようとする事業には明確に民俗学を名乗っており、いろいろな著作においても民俗学を使用し、また有名な研究資料の分類についても民俗資料の三分類としていた。確かに柳田が民俗学を当たり前のように使用するようになるのは戦後のことであるが、それでも民間伝承の会を日本民俗学会に改称することには進んで同意することはなかった。そこには、民俗学という名称が柳田国男以外の者によって頻繁に使用されるようになったため、他の用語と同様に、自己の命名と必ずしも言えないので、躊躇するところがあったと考えられる。そうであっても学問の名称としては民俗学であり、それが把握する事象は民俗であった。

雑誌『郷土研究』は柳田国男と高木敏雄によって一九一三年に創刊された。その裏表紙にはドイツ語で誌名と目次が記載されていた。そして刊行趣意とも言うべき創刊号の巻頭論文「郷土研究の本領」は高木の執筆であるが、そこでは民族を強調したドイツのフォルクスクンデに対応した説明であった。これは柳田の考えと言うよりも、ドイツ文学を専門とする高木の立場が強く示されたものと考えられるが、裏表紙にドイツ語を記載したことを柳田も了解していたことは間違いないであろう。『郷土研究』の内容がドイツのフォルクスクンデに対応していたことを柳田は否定していなかったのである。

柳田国男の蔵書目録が示すように、柳田は多くの洋書を購入し、読んでいた。その読んだ痕跡は書物に書き込まれた印やメモに示されている。

イギリスの有名な民俗学研究者であるG・L・ゴムの『歴史科学としての民俗学』（一九〇八年）を一九一四年に購入し、一九一五年と一八年の二度にわたって読み、重要と思った箇所には傍線を引いていた。それは、モースが指摘するように「柳田民俗学のイギリス起源」である（ロナルド・モース、宇野正人訳「柳田民俗学のイギリス起源」『展望』二一〇号、一九七六年）。柳田は明らかにヨーロッパの民俗学に学んで自己の民俗学を形成した。しかし、終始一貫して、その種明かしをしなかった。柳田の文章の背後にヨーロッパの民俗学研究者の理論や方法、あるいは研究蓄積があることを読者は窺うことができなかった。それでも注意して読むと、ヨーロッパの研究を参照したであろうことを推測できる文がある。柳田は独自の民俗学を切り拓いたことは確かであるが、その基礎には日本の国学者たちの見解、明治期の人類学者の研究と共に、ヨーロッパ民俗学の研究者たちの見解があったのである。しかし、種明かしをしないことで、自分の民俗学の独自性、独創性を印象づけた（本書Ⅲ—五）。そして海外の民俗学とは無縁な存在かのような印象を与えてしまった。

日本民俗学講習会は一九三五年夏に一週間開催されたが、毎日午前中に二つの講義が組まれていた。全部で一四の講義であったが、そのなかに松本信広「仏蘭西に於ける民俗学研究」、岡正雄「独墺両国に於ける民俗学的研究」の二つが設定されていた。日本の民俗学も世界の民俗学の一つであり、他の国・地域の民俗学を参照する必要性を示したものと言える。そして創刊された『民間伝承』では、民間伝承の会の当時の会員の構成と動向とはあまり関係がないように思える欧米の民俗学の紹介をした。その皮切りは一九三七年の三巻三号に掲載されたジェネップ「民俗学」（『大英百科事典』第一三版追加版）の翻訳であった。その翌号には「独逸民俗学界の一斑」、五号には「諾威の民俗学」、六号はエルツ「死の集団表象」、七号にはヴィルヘルム・シュミット「民族学と民俗学」、八号ではアドルフ・シパーマー「科学としての民俗学」、九号に「独逸に於ける質問要項」、一〇号にスレエイネン「民俗学と宗教民俗学」、一一号にはフーゴー・ホフマン「民俗学と学校」とヨーロッパの民俗学の紹介が翻訳、もしく論文の要約で行われた。そして翌年の四巻一号（一九三八年）で「民俗学読書会」という活動を次のように紹介している。

> 昨年十二月から木曜会員を以て組織された本会は主として民俗学を中心とした外国文献の紹介、研究を目的として、毎月一回乃至二回宛の集会をもつて来たが、現在までの進行は左の通りである。

そこで紹介された文献は八であったが、そのうちマリノフスキーが三点含まれていることが注目される。文献紹介を担当しているのは大藤時彦、関敬吾、大間知篤三、守随一、最上孝敬、倉田一郎で、民間伝承の会を運営する中心的な若手であった。このような門弟たちのヨーロッパ民俗学あるいは人類学学習の動きは柳田国男の了解を得て行われたことは間違いないであろう。

そして柳田国男自身もヨーロッパの民俗学に言及することになる。柳田は『民間伝承』三巻八号（一九三八年）の巻頭に「セビオの方法」と題してフランスのポウル・セビオの調査研究法を批判的に紹介している。また同誌四巻五号（一九三九年）では、飛驒高山の味噌買橋の伝承とほぼ同じ内容の話がゴムの『歴史科学としての民俗学』にロンドン橋の話として記されていることに注目して関連があることを推測している。

このように日本の民俗学をヨーロッパ民俗学と同じ舞台の上にあるものとして位置付けている。そしてヨーロッパの諸民俗学を参照すべきものと考えていた。この前後にイギリスのチャーロッテ・バーンの『民俗学概論』（岡書院、一九二七年）、ベヤリング・グウルドの『民俗学の話』（大岡山書店、一九三〇年）、フランスのヘネップの『民俗学入門』（郷土研究社、一九三二年）、フィンランドのクローン『民俗学方法論』（岩波書店、一九四〇年）、フランスのサンティーヴ『民俗学概説』（創元社、一九四四年）など、ヨーロッパの民俗学の総論書がいくつも翻訳されて刊行されたことにもそれは示されている。

ところが、一九四五年の敗戦後に再出発した民俗学では、海外の民俗学を参照する気運はなくなり、日本民俗学会の機関誌となった『民間伝承』、新たに創刊した『日本民俗学』も海外の民俗学についての関心はほとんどなく、動向の記事も論文も掲載されることは全くと言ってよいほどなくなった。皮肉なことに、戦後になって日本の民俗学は「鎖国の民俗学」になってしまったのである。それを打開する動きは二〇世紀末になってからである。

3　民俗学発展の時期区分

日本における学としての民俗学への道は一八九〇年代に始まる。まず人類学の土俗調査・土俗学に始まり、その前後から日本各地に後に言う民俗への関心を有する人々が登場して、民俗学とも言うべきさまざまな活動が見られるようになる。山中共古(きょうこ)、南方熊楠、上田敏などが活躍し、彼らの活動の中でヨーロッパの folklore, Volkskunde が紹介され、訳語として民俗、民俗学が用いられた。そして、遅れて活動を開始した柳田国男が急速に頭角を現し、一九一〇年代の終わりには中心人物となっていた。この期の特色は、起源論にあった。この三〇年は日本の民俗学の第一期であるが、「民俗学の萌芽」時代と位置付けられよう。

Ⅰ　民俗学の萌芽時代

Ⅱ　柳田国男の民俗学

柳田国男は一九二〇年代に本格的に研究に取り組み、他の研究を圧してヘゲモニーを握った。一九三〇年代中ごろに組織化と体系化を果たし、日本の民俗学を確立させた。これが一九五〇年代まで続いた。この四〇年間は民俗学の第二期であるが、それは「柳田国男の民俗学」の時代と位置付けられる。民俗学の研究に従事する大半の人々が柳田国男が指導する組織に組み込まれ、比較研究という柳田国男の提示した方法に従って調査研究を行った。柳田国男は萌芽期の起源論的傾向を批判し、排除し、変遷を目的に据え、それを地域差から描く比較研究を重出立証法と呼んで、研究法の基本に置いた。柳田国男の民俗学の方法上の特徴とその問題点は説いた通りである。

Ⅲ　ポスト柳田国男の民俗学

一九六〇年代から八〇年代までの三〇年間は、死せる柳田国男がなお民俗学を動かしていた。柳田国男の甚大なる影響下にあった「ポスト柳田国男」の時代であった。それは柳田国男の民俗学が全体を覆いつつも、そこからの脱皮・自立を目指す模索と格闘の時代でもあった。五〇年代から少数ながら各地の大学で民俗学の講義が行われ、また一九五八年からは二つの大学で民俗学の専門教育が開始された。アカデミック民俗学の登場である。そのなかで、七〇年代、八〇年代には柳田国男の比較研究法に対する疑問が出され、否定をする考えも主張された。また社会の急激な変化に対応するかのように、地域民俗学、比較民俗学、都市民俗学などと名乗る新しい分野が登場した。それらを総括すれば、長い時間軸のなかでの変遷過程ではなく、直近の過去と現在における変化を問題にするものであった。

Ⅳ　脱柳田国男時代の到来

そして、一九九〇年代に入り、柳田国男への批判的検討が進むと共に、「落日の中の日本民俗学」（山折哲雄）と呼ばれる状況になった。賞味期限切れ、耐用年数切れの民俗学とさえ言われるようになった。柳田国男の文章を引用し、柳田国男の見解に頼って解説して研究する姿はほとんど見られなくなった。一部には柳田国男の著作を深読みして、課題を抽出することで新しい民俗学を目指す動きが見られた。また柳田国男への回帰を目指す「先祖帰りの民俗学」も見られたが、力を持つことなく、柳田国男を参照しない民俗学が一般化した。「脱柳田国男の民俗学」の時代が到来したと言ってよい。そこで、民俗学の枠組みや性格を考える際に参照されるようになったのが、はじめはアメリカの民俗学であり、次いでドイツの民俗学であった。民俗学研究の全国組織である日本民俗学会の機関誌『日本民俗学』に掲載される論考にはそれが如実に示されている。世界の民俗学の一つとしての日本の民俗学であることを自覚するのであれば、このような道筋は必然であった。この期の民俗学は変遷という歴史再構成を否定し、現在の状況の中で解釈する民俗学が基本となったかのように見受けられ、敢えて言えば、新たな生成過程あるいは形成過程を明らかにする民俗学となった。

日本の民俗学が萌芽期民俗学、柳田国男の民俗学、ポスト柳田国男の民俗学の時期を経て、脱柳田国男の民俗学時代を過ごしてきたことを全くなかったかのようにして、新しい民俗学を作り上げることはできない。それまでの民俗学のあり方から何を継承して進むべきかを考え、新しい民俗学を構築しなければならない。そのことによって、世界各地に形成される民俗学の一つとして独自の存在になり得るのである。世界的に多様な民俗学が成立するなかで日本の民俗学が特色を発揮することで、参照される民俗学にならねばならない。そのために、今までの日本の民俗学が形成し、展開してきた特色を改めて整理し、確認したい。

4　日本民俗学の特色

以上のような経過から、日本の民俗学は世界の民俗学の一つであることは間違いないと言えよう。しかし、同じではない。日本だけでなく、世界各地の民俗学はそれぞれ個性があり、異なる風貌を示している。特に、日本の民俗学は柳田国男という個人のほぼ単独の努力によって開拓されたため、柳田の思想や認識と深く関わって民俗学は形成された。その柳田が民俗学を開拓するにあたってヨーロッパの民俗学に学ぶと同時に大きな示唆を得たのが日本近世の国学であった。柳田が一九三五年に刊行した『郷土生活の研究法』の「わが国郷土研究の沿革」の最初の項目「この学風の芽生え」を本居宣長の『玉勝間』の「詞のみに非ず、万づのしあざにも片田舎には、古へざまのみやびたる事の残れるたぐひ多し」という有名な一節の紹介から始めている（柳田国男『郷土生活の研究法』九一〜九二頁）。柳田自身が自らの学問を新国学と名乗ったように、国学に系譜を引く学問と位置付けていた。そのことが柳田、すなわち日本の民俗学に大きな特色を与えた。

ここでは日本の民俗学の大きな特質として①行為の民俗学、②言葉を窓口にする民俗学、③周圏的理解の三つを掲げておきたい。

行為の民俗学　日本の民俗学の第一の特色は、行為の民俗学という点にある。これは前史から第四期まで貫く日本の民俗学の特色である。民俗学は世代を超えて伝えられてきた事象を手がかりに研究する。その点は学としての民俗学が始まったヨーロッパも日本も同じである。超世代的な伝承に基礎を置くのが民俗学である。しかし、ヨーロッパに始まり、世界の多くの地域で展開した民俗学と日本の民俗学では、その超世代的な伝承の内容が大きく異なるのである。広く知られているように、ヨーロッパに始まる民俗学は、超世代的な伝承の内容の中心を語りに置いている。口頭で伝えられ、表現され、共有される事象が民俗学の中心を形成してきた。民俗学といえば昔話、民謡、ことわざ、伝説、噂話などがイメージされてきた。もちろん、フォークダンスのような、それらの事象に伴って表現される行為も含まれており、民俗学や民俗の定義においても口頭の事象に限定されてはいない。特に、アメリカの民俗学は、口頭の事象のみでなく、performance（行為）や behavior（行動）も対象に含んでおり、近年はその比重が高まっているようであるが、日本の民俗のように生活のあらゆる面に及んでいないし、実際の研究は事実上口頭の事象に集中している。

それらの事象を英語ではフォークロア（folklore）と呼んだが、現在それを日本語に訳すときに、民俗と訳すことが躊躇される傾向にあり、民俗と訳さずにフォークロアとそのまま記すことが好んで行われている。これは日本語で表現される民俗と英語のフォークロアでは完全に対応しないからである。さらに日本における伝説や噂話を記述するときにも、それを民俗と言わず、わざわざフォークロアと表記することが行われている。フォークロアと民俗はイコールでは結びつけられないからであり、それは学としての民俗学の相違を示している。

日本の民俗学は、その研究対象とする事象を民俗と表現する。それは日常生活で見られる事象のすべてを含む。欧米の民俗学が用いるフォークロアのように、口頭で表現され、共有される事象だけでなく、人々が行為で示し、共有されるあらゆる事象が対象となっている。文化という表現が示すものに近い。生活文化と言っても支障がない大きな拡がりがある言葉となっている。生活のなかで世代を超えて伝えられ、人々に共有される事象が民俗ということになる。日本で刊行された大多数の民俗調査報告書、あるいはその性格をもつ県史や市町村史の民俗編の目次構成を見れば、そのことはたちどころに了解できるであろう。そして逆に口頭で表現される事象は量が少ないか、場合によっては全く記載されていない。すなわち民俗に含まれないことを示している。

それに対して、人々の行為によって生み出された物質は調査され、記述される。その比率は次第に大きくなってきた。用具や装置という物質は渋沢敬三の与えた民具という用語で示されることが一般化した。民具が民俗と並ぶ用語となり、民俗学の研究対象として民俗と共に民具も位置付けられた。民具のみを研究する民具学という別のジャンルとしての主張もあるが、民具の製作・製造、また民具の利用・活用は人々の行為であり、民具は民俗に伴い、民俗の結果である。民具を民俗と関連付けて把握することは民俗学である。柳田国男の民俗学の時期は、基本的に民具は民俗学研究の対象にならず、また資料にならなかった。柳田国男自身も民具そのものを取り上げることはほとんどなかった。渋沢敬三を中心としたアチックミューゼアム・日本常民文化研究所の活動の中で取り上げられ、活用され、研究されてきた。ポスト柳田国男の時期になって民具も民俗学のなかに位置付けられるようになった。

日本の民俗学も一貫して口頭で語られることを記録してきた。その点では、欧米の民俗学と相違はない。被調査者に面接して、質問を発し、回答を得て、それを記録するという方法である。インタヴューであり、社会調査でいう自由面接法の聞き取りである。諸科学では聞き取りと一般に表現されるが、民俗学では聞き書きという表現が使用されてきた。聞き書きは、本居宣長が『玉勝間』のなかで、師の教えを聞きつつ書き留めることで理解する方法の意味で用いたことに始まる。その聞き書きが民俗学で用いられたのは、古老とか伝承者と呼ばれる被調査者が単なる調査対象なのではなく、民俗を教えてくれる師であり、聞き書きには師の教えを記録するという意味が込められていたと見ることができる。欧米の民俗学もインタヴューで資料を獲得する。それは語られること自体に価値を見出し、研究するものである。その代表である昔話を思いおこせば直ちに了解できることであるが、語られたことがすなわち研究対象である。語られる内容自体に価値があり、その話の筋（ストーリー）、構成（モチーフ）、あるいは旋律やリズムが分析対象になる。したがって、語ってくれた語り手も重要な存在になる。誰が語ったのか、誰によって語られたのかも研究資料の一部を構成する。その点では、本居の言う聞き書きに相応しいと言えよう。

それに対して、日本の民俗学は、口承文芸とか口頭伝承と呼ばれる事象を除けば、語られたこと自体をそのまま研究するのではない。語られたことを整理し、そこに示された人々の行為を取り出し、それを研究対象とする。日本の多くの民俗調査報告書の内容を見ればすぐわかることであるが、聞き書きの結果として冠婚葬祭、年中行事、祭礼行事、生産過程、社会組織などが記述されている。それらはいずれも人々が行為として行ってきたことである。聞き書きという方法で獲得した語りから人々の行為を把握し、それを分析対象とするのである。民俗と表現されるものは人々の行為を指しており、欧米のフォークロアと必ずしも一致しないのはそのためである。また物質的な存在も民俗とは言わず、民具と呼ぶのもそのためである。

このような行為の民俗学が形成されたのは欧米の民俗学から学んだ結果ではなく、日本における民俗学の萌芽期以前から次第に醸成されてきたものである。まず近世の文人たちの認識に始まる。文人、特に国学者は近代に民俗と呼ばれる事象に興味関心を抱き、随筆や紀行文という形式で各地で見聞きしたことを記録に残した。そして、その内容を「神代の遺風」と理解した。すなわち、「遺風」という表現で神代に行われていたことの名残と解釈した。「遺風」は神代に語られたことの名残ではなかった。彼らは各地の伝説や昔話という語りにはほとんど関心を示さなかった。各地で行われている儀礼や行事に興味を抱いた。典型的には、本居宣長が『玉勝間』で「ゐなかに古のわざのこれる事」という表題で各地の婚礼や葬儀の様子には古い姿が残されていることを述べ、それらは日本各地の辺鄙な所まで赴いて調査し記録したいものだと表明したことによく現れている。この本居の見解は、自らの学問を新国学と名乗った柳田国男に継承された。また近世後期に屋代弘賢（やしろひろかた）などによって行われた「諸国風俗問状（しょこくふうぞくといじょう）」は、各藩を通じての全国調査であったが、その一三一項目に及ぶ調査内容は、年中行事を基本として、それに若干の冠婚葬祭の事項が加えられたものであった。やはり人々が行っている行為の調査であった。

民俗学萌芽期の出発を示す人類学の土俗調査は、一八九三年からの土俗会で本格化した。毎年一回共通課題を設定して「土俗会」という集会を東京で行い、参加者がこもごもにその課題についての自己の居住地方の事例を報告したが、その課題はいずれも「新年の風習」「贈答の風習」「若者の楽しみ」というように、人々の行為に関わるものであった。そして「風習」という表現が土俗と共に用いられた。

以上のような前提があって、学としての民俗学は成立し、民俗という概念も設定された。民俗という語は中国の古典にすでに見られ、日本でも近世の文人たちに使用されていたが、それがそのまま学としての民俗学やその対象としての民俗になったのではない。ヨーロッパの民俗学に接し、訳語として民俗学、民俗が用いられたことによる。その点を忘れてはならない。過渡的には民俗ではなく、習俗がしきりに用いられた。現在でも習俗が使われる場面は文化財行政などでは多いが、それは改めて定義されることはなく、使用も次第に民俗に統一されてきている。

柳田国男は自己の民俗学の確立期に、研究資料の体系化を試み、民俗資料の三分類を提示した。一九三四年刊行の『民間伝承論』（共立社）では、第一部生活外形、第二部生活解説、第三部生活意識の三分類、翌年刊行の『郷土生活の研究法』（刀江書院）では第一部有形文化、第二部言語芸術、第三部心意現象とした。この三つの資料は把握する方法の相違であり、また調査者が外から地域に近づいて把握できる順序であった。それらを整理すれば以下のようになろう。

第一部　生活外形　　有形文化　　目による採集　　旅人でも可能な採集
第二部　生活解説　　言語芸術　　耳による採集　　寄寓者（一時的滞在者）の採集
第三部　生活意識　　心意現象　　心による採集　　同郷人のみ可能な採集

柳田国男は第三部の生活意識＝心意現象の採集に最も重きを置いたが、具体的に示された民俗資料は圧倒的に第一部であった。第一部は目による採集、すなわち観察によって把握できるものである。それは生活外形とも有形文化とも言うように、人々が行為によって外に向かって表現し、人々が観察できるものである。有形文化は現在の文化財保護法に始まる文化財行政でいう有形の意味とは異なることに注意しなければならない。有形とは物質的な意味ではなく、人々が行為で示している事象のことである。『郷土生活の研究法』が具体的にそれぞれに含まれる内容を解説しているが、第一部の有形文化には現在民俗と考えられているほとんどすべての内容が含まれている。三部分類と言っても、第一部の有形文化が量的には圧倒的である。『郷土生活の研究法』を教科書にして学んだ民俗学研究者は、民俗調査では事実上第一部の有形文化を調査することとなった。それは現在まで受け継がれており、民俗調査報告書、民俗誌、あるいは自治体史の民俗編まですべてほぼ第一部に限定した記述を行っている。すなわち人々が行為として行ってきた事象を記述しているのである。

日本の民俗学は、聞き書きによって獲得された民俗を文章化して文字で記述してきた。しかし、柳田国男が「目による採集」と言ったように、観察も重要な方法であったし、早い段階から文字以外の方法で記録したり、文字以外の材料から獲得することを行ってきた。民俗は人々の行為で示される事象であるから、わざわざ聞いてそれを文字化する手続きをとらなくてもよいのである。人々の行為を直接図像や画像、さらに映像によって把握することが可能である。柳田国男も早くそのことに気づいていた。さまざまな手段で民俗を把握し、記録し、理解する試みを行った。それが民俗資料の三分類にも示されていた。

図像に描いて民俗を把握することも近世の文人たちの試みから始まっていた。三河を出発して、飯田を通り、日本海側に抜けて東北地方各地を旅し、さらに蝦夷地にまで渡った菅江真澄（すがえますみ）は、厖大な記録を『菅江真澄遊覧記』として残したが、そこには随所にスケッチ画が挿入されていた。それらは文字では十分に表現できない行事や儀礼の様子を具体的に示している。また越後塩沢の鈴木牧之も信越国境の山間地秋山を旅して、その地の生活を文章と共に絵に描いて『秋山記行』として残し、さらに自分の住む地域の雪と生活の関わりを絵に描いて挿入し『北越雪譜』として出版した。後に民俗と把握される事象を絵に描いて挿絵として挿入した書物が近世中期以降に名所図会として続々と刊行された。祭礼や年中行事が多いが、なかには農業や漁業の様相を描いて挿入したものもある。さらに、近世後期に刊行された多くの農書も、そのほとんどが生産技術を示す挿絵を入れている。

文字以外で民俗を記録する方法で早いのはこのように絵画に描くことである。絵師ではなく、素人が旅の途次に見聞きしたことに絵を添えて旅日記として残したし、また日常の生活を絵に描き挿入した絵日記も作成された。これに明治以降写真が加わった。カメラは高価であり、明治後期には金持ちの趣味として持たれるようになったが、昭和に入るころからカメラを持参して調査地に赴くことが次第に一般化し、撮影された写真が調査記録に掲げられることとなった。柳田国男は民俗学研究所の事業として、図像や画像によって民俗の解説を試みることを進めた。それが民俗学研究所編の『年中行事図説』（岩崎書店、一九五三年）と『日本民俗図録』（朝日新聞社、一九五五年）である。前者はスケッチ画によって年中行事を示すものであり、後者は写真によって民俗全般を示すものである。このような図像・画像で民俗を示すことは各地の民俗調査報告書でも行われた。また渋沢敬三の日本常民文化研究所では、中世に制作された絵巻物にたまたま描きこまれた生活やそこで使用されていた民具に注目し、それらを示して解説する『日本常民生活絵引』（角川書店、一九六四年）を編纂した。いずれも民俗概念が人々の行為をとらえるための語であったことによるものである。

それらは疑問を抱くことなく受け入れられ、ポスト柳田国男の時代には、松崎憲三・宮田登他編『図説民俗探訪事典』(山川出版社、一九八三年)が出されて、民俗学の入門書の表現方法となり、その後いくつもの類書が刊行された。さらに早くは一九三〇年代に渋沢敬三や宮本馨太郎が自らカメラを持って現地に赴き民俗を映像で記録することを行ったが、一九八〇年代以降民俗の映像化が盛んになった。これは民俗学研究者だけでなく、姫田忠義、野田真吉、北村皆雄など民俗の映像記録化に関心を抱いた映画人によって推進された。これら図像、画像、映像によって民俗事象を記録し、また研究することは、他の地域の民俗学ではほとんど見られない、日本独自の方法である。日本の民俗学が行為の民俗学であることを如実に示しているのである。

これらは第四期の脱柳田国男時代にはさらに一般化し、さまざまな試みがなされるようになった。写真を豊富に入れて民俗を概観した『図説日本民俗学』(吉川弘文館、二〇〇九年)、民俗の詳細をスケッチ画で描いて解説した『図解案内日本の民俗』(吉川弘文館、二〇一二年)などが出された。また各地の民俗調査報告書が映像を収録したCDやDVDを加えることも次第に多くなったし、国立歴史民俗博物館の事業として民俗研究映像が継続的に制作された。現在、民俗の記録方法として図像・画像・映像を活用することは定着している。しかし、それらによって研究する方法についてはいまだ十分に試みられておらず、今後の課題と言わねばならない。

日本においては親しい存在となっている博物館や資料館の民俗展示もこのような行為の民俗学が作り

出したものであり、大きな特色と言ってよい。一九五一年に制定された博物館法がその種類に歴史や芸術に加えて民俗を入れたことは、民俗を行為として理解していたことを示している。博物館における民俗展示は最初は農機具や生活用具など民具の展示であった。これに先鞭を付けたのがアチックミューゼアムであったことが、民俗全般ではなく、民具展示に特化した展示を発達させた。しばらくは博物館に民俗展示はなく、わずかに民具展示が見られる程度であった。民具だけではなく、民俗を展示するようになるのは一九六〇年代からである。その早い例は一九六七年に開館した神奈川県立博物館で、民俗展示を名乗り、農家の一部を切り取り、そこに展開する生活を展示するものであった。その後、各地の歴史系博物館、人文系博物館ではその一部門として民俗展示は位置付けられ、さまざまに工夫された民俗展示が行われた。そして、国立歴史民俗博物館の大規模な民俗展示が一九八五年に公開され、それまでの生産・生業を中心としたケの展示から行事や儀礼を中心としたハレの民俗展示となった。その影響は大きく、その後の多くの博物館で民俗展示はハレ中心の展示となった。

欧米の民俗学が語りの民俗学なのに対して、日本の民俗学は行為の民俗学である。それは民俗学前史に形成され、萌芽期、柳田国男の民俗学期、ポスト柳田国男期、脱柳田国男期の全期間を通して認められ、行われてきた内容である。世界的に見て、行為の民俗学として成長してきた民俗学は他にあまり例はない。それだけに、他の地域の民俗学によって参照される意味も大きいと言える。

言葉を窓口にする民俗学　日本の民俗学の第二の特色は言葉を重視し、言葉を窓口にして研究してきたことである。行為の民俗学が第一の特色であるのに、それと矛盾するかのような方法を古くから採用してきた。民俗調査において、事象や事物について「それを何というか」「それを何と呼んでいるか」と問い、それを示す語句をフィールドノートに記録することは一般的である。これは社会学や地理学などの実地調査ではあまり見られない。そして民俗学では調査結果を報告したり論文に記述するときに、この語句を見出しにしたり、特記したりする。この地域で人々が用いている事物・事象を示す語句を民俗語彙と呼ぶ。民俗事象の把握には必ず民俗語彙が伴う。これは日本の民俗学では不可欠なことであるが、世界的に見れば珍しい。もちろん民俗語彙に対応する語として folk term があるが、それは民俗を調査する際に、あるいは記述する際に必ずしも不可欠な存在ではない。なお、民俗語彙という用語は一九三〇年代に柳田によってわずかに用いられたが、戦前は専ら習俗語彙と言っていた。

民俗語彙への注目も近世の文人たちの感覚から始まった。先に、地方で行われている葬儀や婚礼という「わざ」には古いあり方が示されているとした本居宣長の見解を紹介したが、それを記した『玉勝間』には「ゐなかにいにしへの雅言の、これる事」という項があり、「すべてゐなかには、いにしへの言の、これること多し、殊にとほき国人のいふ言の中には、おもしろきことゞもまじれる」と述べて注意している。文人の紀行文や随筆の中で行事や儀礼を記述する際に、それを示すその地の言葉を併せて記述することが行われた。その言葉が古い語であり、行事や儀礼が古いことの証拠となるからである。

萌芽期の民俗学も事象を示す言葉を重視したが、それを研究上不可欠としたのは柳田国男であった。柳田国男の民俗学の出発を示す記念碑的な体験が、一九〇八年の二つの経験であった。すなわち夏の九州旅行、殊に宮崎県椎葉村(しいばむら)訪問であり、もう一つは秋以降の岩手県遠野出身の佐々木喜善(ささききぜん)に会って話を聞いたことである。一般には佐々木喜善から聞いた話をまとめた『遠野物語』の発刊に柳田国男の民俗学の出発を認めるが、内容的には椎葉村訪問とそこで得た事柄のほうがはるかに大きい。そのことを示すのが、『後狩詞記（のちのかりことばのき）』の本文中において民俗語彙を記すのにカタカナを用いたことである。

柳田国男が民俗語彙を重視したことは、確立期に各地の民俗語彙を集めて分類解説した多くの民俗語彙集を刊行したことに表れている。一九三五年に橋浦泰雄と共著の形で『産育習俗語彙』（愛育会）を出したことに始まり、一九三七年の大間知篤三との共著『婚姻習俗語彙』（民間伝承の会）、柳田国男単独の『葬送習俗語彙』（民間伝承の会）が出され、以下一九四三年の『族制語彙』（日本法理研究会）まで、一一冊刊行された。そして、これら分野別の語彙集を総合し、さらにその後雑誌などへの報告によって獲得した語彙も加えて、五〇音順に配列した『綜合日本民俗語彙』全五巻（平凡社）が民俗学研究所の編纂で一九五五・五六年に刊行された。いずれも民俗語彙を見出し語にして、その意味とその語の使用されている地方や事例を記している。

民俗語彙は基本的に漢字を音読みした語ではなく、訓読みの単語である。柳田国男が民俗語彙をカタカナ表記にしたのは、漢字の束縛から逃れようとしたためである。民俗学関係者でなければ、民俗語彙も一般的にはその記載に際しては大部分漢字が当てはめられる。そして、漢字で表記された語は漢字の意味に拘束され、解釈される。それから解放されるために、漢字を捨て、わざわざカタカナ表記にした。それによって日本語としての表現を把握しようとした。その際注目したのが、同一事象を示す民俗語彙には地方差が大きく、多様な語彙が各地で用いられてきた点である。柳田国男は、その多様性に意義を見出し、比較研究の手がかりとした。柳田が門弟たちに提示した研究法は比較研究法であったが、それを門弟たちへの講義録である『民間伝承論』（共立社、一九三四年）で重出立証法と呼んだ。重出立証法は比較研究法一般ではなく、比較の結果が変遷過程を示す非常に限定的な比較研究法であった。その場合、民俗事象と民俗語彙との関係は、①特定の民俗事象に対象を固定して、それを示す各地の民俗語彙を集積して比較する方法、②特定の民俗語彙に固定して、それが示す各地の民俗事象を集めて比較する方法、という二つの関係が成立する。しかし、この点については柳田国男も必ずしも自覚的ではなく、その門弟たちにいたってはこの相違をほとんど意識しなかった模様である。そのため、民俗語彙の活用についての方法的検討は進まなかった。

ポスト柳田国男の時期になっても、民俗語彙の重要性には大きな変化はなかった。相変わらず民俗調査においては民俗語彙に注意し、それを記録することが行われ、研究においても民俗語彙の比較が重視された。しかし、重出立証法批判が展開するなかで次第に民俗語彙の比較による研究は少なくなった。個別地域での調査分析が一般化するにつれ、民俗語彙は民俗事象の象徴的意味や人々の観念を把握する手がかりとして重視されるようになり、その役割を変えた。そして、脱柳田国男の時期は、脱民俗語彙の時期になり、急速に民俗語彙重視の風潮は消えた。まず研究レベルにおいて民俗語彙を窓口にしての比較研究は姿を消し、それに対応して民俗調査での民俗語彙把握も弱まった。民俗調査報告書の記述において民俗語彙が見出しになったり、カタカナ書きで記述されることも次第に少なくなってきた。

民俗語彙を重視した比較研究は、萌芽期の民俗学に始まり、柳田国男の民俗学で確立し、ポスト柳田国男の時期まで維持された。民俗語彙は日本語であり、民俗語彙による比較研究は必然的に日本語を話す地域に限定される。柳田国男が言った一国民俗学を必然にした。言語的に別の文化であるアイヌを比較研究から除外し、他方共通祖語から遠い先祖の段階に別れ、別々に発達してきた日本「本土」の言葉と沖縄の言葉は同一の日本語であるので比較可能であるとし、むしろ沖縄の民俗語彙、さらに民俗事象をより価値のある存在と考えた。一国民俗学はこのような限定された一国民俗学であった。ポスト柳田国男から脱柳田国男へ移行する時期に一国民俗学は厳しく批判され、民俗語彙の意義は低下した。しかし、民俗語彙を把握することの価値は決してなくなっていない。歴史的に蓄積された人々の意識や認識がそこには累積しているのであり、人々の行為を意味付けることができるのである。言葉を重視し、把握することもまた重要な日本の民俗学の特色である。

聞き書きという方法は、この点から言っても捨て去ることができない。行為の民俗学だからと言って、観察し図像・画像・映像で記録することですべてを記録することはできない。人々の認識は言語的に蓄積されており、特に民俗語彙に集中して籠められている。民俗語彙を事象と共に把握することは不可欠であると言わねばならない。そして、民俗語彙だけでなく、事象をめぐる語りを記録することが意義を持つ。事象をめぐるさまざまな語りは人々の認識を教えてくれる。それは聞き書きにおいて個人の語りを通して表明される。旧来、集団的、組織的な人間を通して民俗を把握してきたが、社会そのものが個人的存在になりつつある現代において個人を基礎に民俗を把握し、個人にとって意味ある民俗学を構築することにもなる。しかし、行為の民俗学としての特徴が、調査に不可欠な聞き書きと、そこでの人々の語りについての反省、検討を弱めた。民俗調査法の記述のなかでも聞き書きについては技法のみで、その方法論について議論されることはなかった。今世紀になり、語りについての検討が必要であると認識され、岩本通弥編『方法としての〈語り〉』（ミネルヴァ書房、二〇二〇年）などで検討されつつある。

周圏的理解　日本の民俗学の第三の特色は、中央は新しく、中央から離れた遠くの地方は古いという周圏的な地域差に基づいて解釈してきたことである。この周圏的理解は民俗学固有の理解や仮説ではない。むしろ日本において広く浸透している考えと言うべきであろう。地方には古く珍しいものが残っているという考えは一つの常識である。中央を先進地とし、地方を後進地とすることもまた常識である。先進・後進の地域差は学問的装いで説明され、多くの人が納得してきた。歴史研究が地域差を論じるときには、当然のように先進・後進の尺度が採用された。その先進地は常に京都、京坂、畿内、近畿地方であり、後進地はそこから遠く離れた東北や九州であり、特にその山間部や離島がそのように理解されてきた。

この地域差の認識も近世に始まるものと思われる。近世に人々が各地を盛んに往来するようになり、自分の居住する地域とは異なる土地を訪れたときにそこで異なる生活を見ることで、地域差を発見し、その地域差の理由に新旧を見ることで了解したのであろう。古くからの都への憧憬と裏返しとしての地方認識である。これも近世の旅する文人たちの認識表明によって始まったと言えよう。先に紹介した本居宣長の見解は、自らは旅はしなかったが、各地から訪れる門弟たちの報告からその認識を獲得したと推測される。この中央から遠い地方には古い行事や儀礼が見られるという見解は宣長に始まるのではなく、彼よりも早く、文人たちの紀行文や随筆に記され、表明されていた。最も早い例の一つとしては西川如見の『町人嚢』（一七一九年）がある。そこでは「神代の遺風は結句外鄙に残りてある事多しとかや」と述べている。このような考えは地方の文人にも及び、上野高崎の川野辺寛は『閭里歳時記』で「凡ふるき言詞・ふるき行事は、田舎にのこれる例多ければ、今吾郷に行ふ事共も実猶多かるべし」と記している（『閭里歳時記』一七八〇年、『民間風俗年中行事』国書刊行会、一九七〇年、二二二頁）。

　これら近世文人から学んだ柳田国男は、地域差に時間差を発見し、それによって歴史を組立てようとした。中央の都市に文明が行われていても、地方には今なお古いあり方が見られるということを、『後狩詞記』（一九〇九年）で「思ふに古今は直立する一の棒では無くて、山地に向けて之を寝かしたやうなのが我国のさまである」と表現した。この考えを、近世文人の認識、萌芽期の土俗学の進化主義によって裏打ちし、欧米のさまざまな先行研究に学んで理論化したのが周圏論である。その仮説が提示されたのは方言についてであった。一九二七年に『人類学雑誌』四二巻に連載された「蝸牛考」がそれである。論文は大きく書き改められて一九三〇年に単行本として出版されたが、そこで明白に「方言周圏論」とした。したがって、なかにはこれはあくまでも方言についての仮説だとする研究者がいるが、柳田国男の多くの著作のなかで方言に限定せず、民俗についても、あるいは文化についても同様の考えを表明している。周圏説あるいは周圏論は民俗周圏論であった。

　柳田国男の周圏論は、中央で発生したものが時間の経過のなかで地表面を横に伝わり、次第に遠くまで及んだということを前提にしている。すなわち周圏論は伝播論である。そこで注意しなければならないのは、周圏の外側の圏は古いとすることは、中央からはるかな距離を時間をかけて伝播してきたにもかかわらず、伝播の途中で変化せずに、そのままの姿で遠くまで届いたということである。「神代の遺風」が「外鄙」に存在するという近世文人の認識に裏付けられた仮説と言える。同じような中央から地方に向かって伝播した結果が地理的な分布に示されることを発見したフィンランド学派のカールレ・クローンは『民俗学方法論』（関敬吾訳、岩波書店、一九四〇年）のなかで、中央から地方へ伝播していく過程は変化の過程であり、伝播の最も外側に見られるものは最も変化した、したがって新しいと考えた。一見同じように見られる分布であるが、柳田とクローンでは逆の判断をして仮説を設定している。柳田の周圏論はヨーロッパの理論の受容ではなく、それらから学びつつ、日本の近世以来の認識を引き継いで独自に理論化を果たしたのである。しかし、妥当性については理論的に検討し、分布の実態から検証しなければならない。

ポスト柳田国男の時期は、重出立証法と周圏論を柱とした民俗学の方法が批判される時期でもあった。日本列島全体から資料を集積して、それを比較することで変遷過程を明らかにするという考えに対して疑問が提出された。素朴な疑問であったが、その疑問に対して、なぜ地域差が時間差となり、変遷を示すことになるのかについての有効な回答は出されなかった。重出立証法は批判されたが、その批判を深く検討することもなく、また重出立証法を肯定し、擁護する立場からの論の展開もほとんど見られなかった。

従来、重出立証法を基礎づける唯一の仮説が周圏論であった。柳田国男以来、周圏的分布は中央で発生した事象が周辺に伝播し、時間の経過に伴って遠方まで辿り着く結果として、中央から遠い地域には古い姿が見られるという解釈が地域差から時間差を獲得する唯一の回答であった。その場合、指摘したように、中央で順次発生した事象が、次々と伝播することによって周圏的分布が出現するというものであった。しかし、この周圏的分布から変遷過程を再現させるという方法について改めて検討することはなかった。列島全体から集積したデータによって分布を確認し、周圏論として再確認することも民俗学内部では行われなかった。

むしろ、急速に強まってきた個別地域の事象はその地域の条件から考える動向に影響を受けて、地方の民俗の地域差の問題として展開した。その最も新鮮な研究が鹿児島を舞台とした小野重朗の研究であった。地域民俗学とか個別分析法は一九七〇年代に展開したが、その動向を先取りして六〇年代に独自の研究を展開していた。鹿児島県内にほぼ限定して、調査事項を統一して一〇〇〇ヵ所近い地点で調査を行い、その結果に基づいて分布図を作成し、その分布の様相から民俗の変化、変遷、消滅について解釈し、いくつもの仮説を提示した。日本列島の一部としての圏ではなく、薩摩・大隅内で中心があり、そこから広がる同心円的分布が出現していることを明らかにした。新しい民俗学を切り拓く可能性がそこにはあったが、残念ながらそれを継承発展させる動向は形成されなかった。

列島全体での周圏論の意義の再発見は意外なところから現れた。視聴者参加の長寿人気番組である大阪朝日放送の「探偵!ナイトスクープ」が一九九〇年、九一年にアホバカの分布を取り上げて放送して評判となり、そのプロデューサーである松本修が一九九三年に『全国アホバカ分布考』（太田出版）としてまとめた。それは、従来、東のバカ、西のアホと考えられていた分布が、近畿地方のアホ、近畿地方から離れた東西にバカが分布することを明らかにし、アホ、バカの周圏的分布を見事に示し、さらに文献調査も行って、バカが古く、アホが新しいと、その歴史的展開を説いたのである。それは、中央が新しく、周縁は古いという常識を裏付け、柳田国男の仮説の再評価となった。民俗学がこれを無視したまま経過させることは許されないであろう。

中央は新しく、そこから離れた地方は古いという周圏的理解は、日本においては民俗学だけでなく、一般的な常識だとも言える。一般的な常識に支えられて、民俗学の周圏論も流布してきた。近世の文人、国学者の認識から始まり、萌芽期の民俗学のなかで醸成され、柳田国男の民俗学の時代に確立した日本の民俗学の特色である。次のポスト柳田国男の時代においては、重出立証法批判と共に、その意義は後退したが、それでもなお多くの人々に暗に支持され、肯定される認識であった。表だって表明されることはないが、脱柳田国男の時期においても生き続けていると言ってよいであろう。しかし検討すべき問題が多い仮説である（福田アジオ『歴史と日本民俗学』吉川弘文館、二〇一六年、第二部第一章）。

日本の民俗学の特色は以上の三つのみではない。柳田国男についてのみ評されることが多い「経世済民」ということも第四の特色と言ってもよいであろう。世のため人のために役立つ民俗学を、近世儒学者の表現を借りて柳田国男論者が「経世済民」と表現し、柳田国男の民俗学の特質とした。この実践的課題は「学問救世」とか「農民は何故に貧なりや」という柳田の言葉（『郷土生活の研究法』刀江書院、一九三五年）から出てきたことであり、このような実践的課題を表明することもほぼ柳田に限られている。

柳田の門弟たちやポスト柳田国男時代を主導したアカデミック民俗学からはほとんど聞かれなかった。しかし、絶えず思い出され、また脱柳田国男の民俗学の段階で主張されもした。個別具体的なレベルでは実際に役立つことを目指すことは当たり前であっても、このような使命感を学問的性格として与えるのは世界的には珍しいと言えよう。

5　日本民俗学の変化

比較よりも個別を　日本の民俗学は、以上の経過で分かるように、日本列島各地から集積したデータを比較することで変遷過程を明らかにしようとしてきた。それは比較研究一般ではなく、変遷という結果を獲得する比較研究であった。この比較研究を行うためには日本列島各地からの資料の集積が必要であった。誰でもが利用できるように資料を収集して出版することも行われたが、それは研究の可能性を示唆するにとどまった。日本列島全域から資料を集積し、それを比較して変遷過程を描くことは誰でもができることではなかった。ひとり柳田国男のみができた。あるいは柳田の周辺にいた直系の門弟たちができた。「野の学問」として自分の居住地で民俗調査を行う人々は調査結果を雑誌に報告するだけで、それを集積して比較することはできなかった。日本全体の同学の人々から寄せられた資料を把握し、整理し、検討できるのは柳田国男を頂点とした一握りの人々であった。この問題点は早くは折口信夫によって指摘されていたし（折口信夫「地方に居て試みた民俗研究の方法」、柳田国男編『日本民俗学研究』所収、岩波書店、一九三五年）、また山口麻太郎によって述べられていた（山口麻太郎「民俗資料と村の性格」『民間伝承』

四巻九号、一九三九年)。しかし、柳田を頂点とした研究体制は変わらず、比較研究のみを研究法として位置付けたまま一九六〇年代まで続いた。

ようやく一九六〇年代後半になるころから、それへの検討が行われるようになり、一九七〇年代に比較研究に代わる方法が提唱されるようになった。宮田登の提唱した地域民俗学であり、福田アジオが主張した個別分析法である。それまで大学における研究指導も比較研究することが民俗学であると教えてきた。それに対して個別地域で個別事例を調査し分析することも民俗学であると認められるようになり、卒業論文もそのような組み立ての研究が一般化した。研究雑誌に掲載される研究論文も大多数が個別地域、個別地方における研究となった。日本全体から資料を集積しての比較による研究はほぼ完全に影を潜めた。

変遷よりも現在を　日本の民俗学は久しい間、現在の民俗事象の比較研究によって変遷を明らかにしようとしてきた。初期の民俗への関心は現在の断片化した事象から本来の姿を明らかにしようとするものであった。それに対して、柳田国男は起源論を排し、変遷過程を明らかにすることを民俗学の使命とした。各地の民俗事象を集積して比較することで変遷過程を明らかにできると考えた。その方法が重出立証法と周圏論である。

過去に記録されて残された文字資料によって過去を明らかにしようとする歴史学はなんら問題を感じることなく研究が行われてきた。それに対して、現在人々が行っている事象によって過去の変遷過程を明らかにするという民俗学は大きな矛盾を抱えていた。現在の事象を調査し把握するのであるから、そこから獲得できる時間は現在のみであり、せいぜい拡大してもそれを担っている人々の経験としての過去に過ぎない。現在の事象によって再構成する長期的な変遷過程は虚構の歴史に過ぎないという、かつて機能主義文化人類学が一九世紀の進化主義人類学を批判したことが民俗学にも当てはまるのである。しかしその問題の検討を久しくしてこなかった。

一九八〇年代以降、変遷や歴史を明らかにするという目標を廃棄し、民俗の現在における意味を明らかにするという現在学としての民俗学が主張されるようになり、その考えは次第に大きなものになってきた。「歴史よ、さようなら」が叫ばれることになった。歴史を明らかにする民俗学は、もはや古く、その存在意義はなくなったと声高にいう論調が行われるようになった。

このような主張は、ほとんど疑うことなく行われてきた、変遷を明らかにし歴史を組み立てる民俗学に大きな反省を迫るものであり、その意義は小さくない。現在の民俗事象で現在を明らかにする研究が、専ら変遷過程を明らかにしてきた民俗学に組み込まれることで、民俗学はよりいっそう豊かになるであろう。しかし、それは民俗学から歴史を排除することを意味しない。柳田国男の「歴史は目的であって、手段ではない」という趣旨の発言は今でも重みがあると言わねばならない。

現実社会の問題に向きあう　一九七〇年代以降、新しい民俗学研究の分野として、地域民俗学、比較民俗学、都市民俗学が提唱された。いずれも宮田登によって唱えられ、一時民俗学の新しい潮流として受け入れられたが、その後いずれも学を名乗る存在にはならなかった。そのなかでも流行的動向を作ったのは都市民俗学であるが、結果としては都市も民俗学の対象になり得るという共通認識となり、都市の民俗を扱うことを当たり前にしたが、一つの学問体系とはならず、都市の民俗研究として一定の位置を認められて収まった。

一九九〇年代は、民俗学にとって「落日のなかの日本民俗学」（山折哲雄「落日の中の日本民俗学」『フォークロア』七号、一九九五年）といわれ、柳田国男の種々の問題性が指摘され、厳しい状況であった。それらに対処する動きは乏しかったが、そのなかで現実に生起し、人々を苦しめるさまざまな事象が民俗学上の問題として取り上げられるようになった。そして、一定の成果をあげるようになった。

その第一が環境に関する研究である。世界的に環境問題が話題となり、日本においても自然破壊、環境破壊が大きな課題となってきたことに対応して、自然環境のあり方、人々の環境への作用、その基礎にある環境認識などが取り上げられ、調査研究が進められ、研究が提示された。野本寛一、篠原徹、鳥越皓之らがその研究を牽引した。この三人の環境を取り上げる視角、方法は異なっており、多様な論点が提示され、議論された。その後、安室知、菅豊、古川彰などによって環境をめぐる新しい課題が発見された。

第二には病気と医療に関する研究である。生命倫理の問題、また介護の問題を含め、医療が関心を集めるようになり、民俗から論じる波平恵美子、板橋春夫、六車由実などの研究が一九九〇年代から増えた。社会における脳死問題の議論に刺激を受け、民俗的な生命観が注意されることとなった。さらに出産をめぐる諸問題が安井真奈美、鈴木由利子、佐々木美智子などによって盛んに論じられるようになった。それまでは出産儀礼が専ら関心の対象であったのに対し、出産そのものに注意が向けられ、生命観の問題として論じられるようになった。死に関する研究においても、従来の葬送儀礼のみを問題とする研究から死そのものを考える研究へと関心は広がってきた。

第三に大きく取り上げられるようになったのが災害である。特に二〇一一年三月一一日に発生した地震とそれが引き起こした津波がもたらした甚大な被害、そして福島第一原子力発電所のメルトダウンによる放射能汚染の危機的状態の広域的発生は、民俗を伝え行ってきた地域社会を壊滅的に破壊した。そして、そこからの復旧・復興が課題となることでそのあり方が議論されるようになった。災害地域に在住・在勤して直接経験した川島秀一、橋本裕之、小谷竜介、政岡伸洋らによる研究が、民俗学の一つの分野を構成するかの観を示した。しかし、文化財レスキューについての実践報告は少なからず出されたが、本格的な災害研究や復旧・復興研究はいまだ乏しい。民俗としての災害を検討することで今後のあり方に資する研究、民俗学の研究蓄積を基礎にした災害地の復旧・復興のあり方への提言を含む研究はこれから本格化するという状況にある。

このような現実社会で生起し、それに関わる人間が悩み、苦しむ諸問題に取り組む研究が次第に登場してきている。それは「経世済民」を目指す民俗学が果たすべき重要な課題である。

6 民俗学のこれから

以上、ここ半世紀近い間の変化を三点にわたって紹介した。それを旧来の民俗学の弱点、欠点を克服して、現代社会に迫る民俗学を指向する動向と理解した。この動向の延長上にこれからの民俗学を考えねばならない。いくつかの方向性を示したい。

世界の中の民俗学へ　すでに最初に述べたように、日本の民俗学の進むべき道は、外国の民俗学の直輸入でもなければ、「鎖国の民俗学」でもない。特に「鎖国の民俗学」を排さなければならない。日本の民俗学は世界の民俗学の一つなのであり、孤立した存在ではないことを前提にする必要がある。当然のことながら、世界各地の民俗学と連携し、共同し、ときには競合し、また摂取を図る。民俗学の国際化を推進し、日本の民俗学もそこで一定の役割を果たすように努力する。それは世界各地の民俗学を参照することに加えて、日本の民俗学の特色を世界に提示し、普及を図ることである。その場合、日本の民俗学が獲得してきた特色を積極的に示すことが不可欠である。

一国民俗学に代わる民俗学　日本の民俗学は柳田国男の言った一国民俗学として歩んできた。柳田はその先に世界民俗学の成立を想定したが、それを具体的に示すことはせずに終わった。日本列島を単位とする一国民俗学は、具体的には民俗語彙を重視し、その比較から変遷を明らかにしようとした。日本語の使用される地域が研究の対象範囲となることは必然であった。これは日本列島内でのみ研究し、歴史形成の単位も日本列島であるとすることである。そのような狭い考えを創り出すような、言葉を窓口にした比較研究を破棄すべきであろう。

また、日本列島内での中心・周縁は日本の民俗学において一つの常識であった。地域差から時間を獲得する際に、中央を先進、地方を後進とする考えは基本的な認識であり、それを仮説として示したのが周圏論であった。しかし、周圏論は問題の多い仮説である。地域差を先進・後進や新旧という一定の基準で解釈することは日本列島社会を同じ歴史を歩んできた等質の存在とすることになる。言い換えれば、歴史形成の単位として日本列島を固定的に考えていることになる。

これからの民俗学は、変遷過程を結果として描く比較研究を破棄して、個別地域、個別地方における個別研究を基本とするべきである。地域のなかで民俗を把握し分析し、位置付けることがまず存在し、その個別研究の成果によって比較をするという方法に変更することが今後の方向であろう。民俗学の研究は必ず日本各地の資料の比較から始まるという考えをなくすべきである。

その前提となる認識は、歴史形成の単位を常に固定的に日本、日本列島に限定しないということである。すでに多くの研究が明らかにしているように、日本列島内でも沖縄は独立した歴史形成単位であったし、それは現在も続いてる。アイヌの人々も独自の歴史を展開してきた。同様に、日本列島内の各地方が民俗に表出した歴史形成の単位であった可能性も考える必要があろう。逆に、日本列島を越えて民俗の連続性が見られることも無視してはならない。旧来の比較民俗学は一国民俗学を前提に、日本の特徴を明らかにするため他文化と比較するという立場で行われてきた。一国民俗学のもとでの比較民俗学であった。このような狭い、自己中心的な比較民俗学は否定されなければならない。日本列島を越えた広い地域を歴史形成の単位と把握する試みが期待される。

行為の民俗学を発展させる　日本の民俗学の大きな特色として、行為の民俗学であることを指摘した。世界的に見ても類を見ないようなこの特色を今後も維持し、さらに発展させる。そしてこの特色が民俗学の可能性を大きくするものであることを海外の民俗学に対しても示していかねばならないだろう。

行為の民俗学は特定の事象のみを対象とする民俗学ではない。すでに日本の民俗学が開拓し蓄積してきたように、社会、文化全体を扱う民俗学である。人間が行為として行うあらゆる事柄が民俗学研究の対象になる。ところが、従来日本の民俗学も、行為の民俗学であることを自覚せず、欧米の語りの民俗学が提出してきた民俗、民俗学の理解と方法をほぼそのまま適応し、解説してきた。近年の欧米民俗学を模範とし、そこでの新しい動向を日本も採用すべきことを主張する論も、語りの民俗学が作り出した理論をそのまま日本でも行われるべきであると考えている。それでは日本の民俗学の蓄積を発展させることはできない。これからは、行為の民俗学としての理論を構築することが求められるであろう。そして、それが一国民俗学を越える世界民俗学の形成に大きく貢献することになろう。

メソドロジーとセオリーの両面から理論形成　民俗学の方法論と言えば柳田国男の説明のみで、それ以外の理論的研究は非常に少ない時代が長く続いた。しかも、民俗学方法論はほとんどが資料操作法についてのものであった。民俗調査法、民俗資料の分類、研究上の手続きなどであり、また比較の方法についてであった。すなわちメソドロジーとしての民俗学方法論であった。民俗学方法論の代表と考えられてきた比較研究法や重出立証法も資料操作法である。

それに対して、民俗学が明らかにする歴史像、歴史認識、民俗の性質などの全体像を議論することが不可欠であるが、ごくわずかな例外を除いて、今までこのセオリーとしての方法論はほとんど議論されることはなかった。民俗学は抽象的な議論を避ける傾向があった。しかし、民俗学の発展のためには、メソドロジーとしての方法論に加えてセオリーとしての方法論も検討しなければならない。方法論はメソドロジーとセオリーが統一的に議論されて学問としてのあり方が明確になるのである。セオリーに重点を置いて検討する真野俊和『日本民俗学原論—人文学のレッスン—』（吉川弘文館、二〇〇九年）はその端緒であった。さらに社会性をも視野に入れて立論する動きが出てきた。菅豊の『新しい野の学問の時代へ—知識生産と社会実践を繋ぐために—』（岩波書店、二〇一三年）は民俗学を学問論として展開し、その社会実践の可能性を考えようとした。また、小松和彦・関一敏編『新しい民俗学へ—野の学問のためのレッスン26—』（せりか書房、二〇〇二年）を経て、岩本通弥、菅豊、中村淳、門田岳久、室井康成、及川祥平、田村和彦、川松あかり、島村恭則、加藤幸治などによって新しい方向を目指す民俗学案内書がいくつも出され、方法論の検討を促した。これらが「野の学問」としての民俗学を理論的に深化させようとしていることは間違いない。

民俗学は、現在生起する民俗事象によって過去の歴史を把握しようとしてきた。過去の事物で過去を明らかにするのではない。はじめから矛盾を抱えて成立してきた。なぜ現在の民俗事象が過去の歴史を明らかにできるのか、民俗が明らかにする歴史とは何かを議論し、それとの関連で資料操作法も考えられなければならない。これも緊急の課題である。

「野の学問」としての精神を　最後に取り上げねばならないのは、日本の民俗学が強調してきた「野の学問」としての民俗学という特徴である。柳田国男が近代の大学その他の公的機関に依拠せず、自らの力で研究を展開したことに始まる在野の学問が民俗学である。そして文字に記された資料に頼る多くの学問研究に対して、各地の人々が日常的に使っている言葉、すなわち「野の言葉」に教えて貰って研究する学問である。民俗学が「野の学問」であるというとき、研究が野で行われる二つの意味を含んでいたが、一般的には前者の意味で言われてきた。在野の学問としての民俗学は、柳田国男の努力によって、研究雑誌を発刊し、各地の民俗に関心を抱く人々を組織し、雑誌、講習会を通して研究水準を高め、民俗学として学問形成した。そして戦後は、より組織性を強め、共同研究を展開するために自分の書斎と蔵書を提供して民俗学研究所を設立した。その活動は大きな成果をあげ、民俗学の社会的認知をもたらした。それは「野の学問」の到達点を示すものであったが、まもなく行き詰まりを見せ、一〇年で解散に追い込まれた。それに代わり、一九五八年からは大学での研究教育が行われるようになった。アカデミック民俗学への展開であった。

「野の学問」としての民俗学の時代は、それに参加した人々は自己の主体的な問題意識を持って民俗学に近づいた。柳田国男の指導があったとはいえ、その研究課題は自己の問題意識に発しており、その研究方法も大枠は柳田国男から示されたが、具体的なレベルでは自己流であった。自分の問題意識を自己流に研究するのが「野の学問」としての民俗学であった。主体的に活動する人々が集合することで民俗学は組織された。

一九五八年に大学で民俗学の専門教育が開始され、民俗学も他の学問と同じように、大学で教育され、大学で研究する学問となった。わずかであったが、その卒業生たちが民俗学の担い手として社会的に活動した。そこでは、他の学問と同じように大学内で完結する形で研究が行われ、問題意識も研究方法も研究体制の中で引き継がれるものに従って設定され、採用された。それは学問のための研究となった。

主体的な研究は少なくなった。それがアカデミック民俗学である。

大学を中心とした諸機関における教育と研究は民俗学を発展させることは間違いない。しかし、二一世紀の民俗学は、そこに再び「野の学問」としての精神を取り戻さねばならない。自己の問題関心に基づいて研究課題を設定し、自己流での研究を展開する勇気を取り戻すことが民俗学に関わる人には必要である。自分たちが生きて暮らしている社会に対する危機意識を内在させる問題意識を持ち、その解決に資する研究を目指すことが現代の「野の学問」である。制度や施策を肯定的に理解するのではなく、そこに批判的精神で問題を指摘することが民俗学の役割である。

周知のように、柳田国男は文章のほとんどを学術論文の形式では書かなかった。随筆とか紀行文と思われるスタイルで書き、発表場所も学会等が発行する学術雑誌とは限らなかった。それは研究成果や主張を研究者に向けてのみ提示するのではなく、より広く多くの読者に読んでもらい理解してもらおうとしたからである。学童や生徒を読者に想定した書籍も少なくない。これは明らかに「野の学問」としての民俗学を実践するものであった。現代の民俗学研究者がこれをそのまま引き継いで実行することは、能力から言っても不可能なことである。しかし、彼の意図と活動を理解し、継承して、民俗学研究の仲間内だけで流通することで満足せず、広く社会に訴える努力をするべきであろう。まずは、社会や文化を研究する諸科学に参照されるように、あるいは諸科学を参照できるように、同じ舞台に成果を提示する努力をすべきである。そして、さらには広く社会に向けて直接成果を提示して、人々の理解を得るようにすべきである。近年のインターネットの普及によって、紙媒体のみが研究成果を世に問う方法でなくなった。さまざまな方法で発信することが可能になってきている。自己の危機意識と使命感に裏付けられた研究成果を積極的に提示するようにならなければならない。それが現代における「野の学問」のあり方と言えよう。もともと民俗学には「象牙の塔」などなかったのであるから。

あとがき

日本の民俗学は柳田国男によって創り出された。彼は一九六二年八月に亡くなった。すでに六〇年が過ぎている。それでも柳田国男を離れることができない。その状況を情けなく思いつつ、半世紀余りを過ごしてきた。柳田国男を日本民俗学史上に正当に位置付け、死せる柳田国男が現在を動かす状態から早く脱出しなければならないという考えで、いくつもの文章を書いてきた。本書は柳田国男を検討する私の最後の書として、彼の研究成果を確認すると共に、その問題点を指摘することに主眼を置いた。彼の文章作法が、概念や用語を明晰にし、論理の道筋を明確にし、結論を明示するという、一般的な研究論文のスタイルを採用しなかったため、加えて明治期の教養に裏打ちされた記述ということもあって、読者にとって彼の主張を把握することに困難を覚えることが多い。私などもいつもこれで柳田国男の主張や指摘を正しく理解したことになるかどうか不安になっていた。本書では、柳田国男の論をできるだけ整理すると共に、そのわかりにくさを読者の理解力・読解力の不足だけに求めず、根拠や出典や先行学説など彼の研究の前提となった事柄を提示しなかった、すなわち種明かしをしなかったことにも起因していることを指摘した。

本書の各章は既発表の論考を再録しているが、いずれも、内容に補訂を加え、文献を加除修正し、現時点での研究水準に対応させせようとした。以下、各章の初出について示し、著者としての位置付けを記しておこう。

I　柳田国男論と柳田国男研究

一　柳田国男研究の展開と課題

原題は、How the Task of Studying Yanagita Kunio Has Developed, Hans Dieter Ölschleger（Hg.）: *Theories and Methods in Japanese Studies: Current State and Future Developments*, Bonn University Press, 2008で、その日本語原稿である。英文翻訳はTomoe Steineckさんの手による。この論文集は、二〇〇六年にボンで開催されたヨーゼフ・クライナーさんのリタイアを記念してのシンポジウムの記録集であるが、私はそれには参加していない。開催後に、論文参加を要請されて執筆したものである。海外の日本研究者を読者に想定しての論であったので、具体的な研究者や著作タイトルは多く省略していた。今回ここに収録するにあたって、研究者とその研究成果を加えた。

二　日本の民俗学と常民

原題は「일본 민속학과 상민（常民）」（日本の民俗学と常民）で、二〇一二年一二月に韓国ソウル市のソウル大学社会科学大学で開催された朝鮮民俗学会創立八〇周年記念韓国民俗学会冬季国際学術大会「二一世紀〝民〟の再解釈と民俗学」で報告したものの日本語原稿である。当日配布の報告文集にハングル訳と共に掲載された。これも講演原稿であり、研究者や文献の記載が少なかったので、収録にあたって補充を行った。

Ⅱ　柳田国男の研究構想

一　松岡国男の研究ノート

原題は「『明治三十年伊勢海ノ資料』の意義」（岡田照子・刀根卓代編『柳田国男の手帖「明治三十年伊勢海ノ資料」』発行伊勢民俗学会、発売岩田書院、二〇一六年）。瀬川清子旧蔵資料で現在秋田県鹿角市の鹿角市立先人顕彰館に所蔵されている「瀬川の宝物」に一冊のノートがある。それは柳田国男の学生時代のノートで、有名な伊良湖岬（いらござき）滞在中に記した備忘録と判断され、貴重な記録ということで岡田照子さんと刀根卓代さんによってカラー写真による影印本として印刷刊行された。それの解説として依頼され執筆したものである。柳田国男はまだ民俗学に関わる勉強を全くしていない大学生であったが、すでに後に民俗と把握される事象に興味関心を抱き、記録していることがわかる貴重なノートであることを指摘した。

二　世界民俗学構想と『遠野物語』

同じタイトルで『歴史と民俗』神奈川大学日本常民文化研究所論集二八号（平凡社、二〇一二年）に掲載された。これは二〇一〇年一一月に岩手県遠野市で開催された神奈川大学日本常民文化研究所第一四回常民文化講座「遠野から日本・アジア・世界へ」で基調講演として報告したものである。なお、5の「エスペランチスト柳田国男の国際性」は「柳田国男の国際性・民俗学の非国際性」（『遠野学』二号、遠野文化研究センター、二〇一三年）から抜き出した文章である。これは二〇一二年八月に遠野市で開催された「国際フォーラム　二一世紀における柳田国男」での報告原稿で、私自身の名前が父親の勝手な趣味でエスペラントのアジア州から付けられた因縁も語った。

三　書斎にこめた夢

原題は「柳田国男の研究構想と書斎」（『伊那民俗研究』二五号、柳田国男記念伊那民俗学研究所、二〇一八年）。東京都世田谷区成城にあった柳田国男の書斎は現在長野県飯田市の飯田市美術博物館内に移築されている。その建物を「喜談書屋（きたんしょおく）」と呼ぶことが一般化していた。しかし、柳田国男の文章にその語を見たことがないので、疑問に思い、検討を開始した論文であるが、思わぬ方向に発展した。

四　「山村調査」にみる研究の深化

原題は「解説―『山村調査』と『海村調査』―」（比嘉春潮・大間知篤三・柳田国男・守随一編『山村海村民俗の研究』名著出版、一九八四年）。日本の民俗学史のなかの金字塔とも言うべき二つの調査の関係印刷物である中間報告書と『採集手帖』（未記入）を再録した書籍の解説を依頼されて執筆したものである。書籍の四人の編者は再録された報告書と採集手帖の奥付に編者として記載されていた人名であり、いずれもすでに亡くなっておられ、お会いすることはなかった。

Ⅲ　柳田国男の研究成果と問題点

一　民俗学の方法論―『民間伝承論』と『郷土生活の研究法』―

原題は「解説」（ちくま文庫版『柳田国男全集』二八巻、筑摩書房、一九九〇年）。筑摩書房から宮田登さんと私の二人が呼び出されて、今度ちくま文庫で『柳田国男全集』を出すが、各巻末に解説を付ける必要があるので、その人選について知恵を貸して欲しいと要請され、宮田さんと相談を重ねた。そして、責任上、それぞれ二冊の解説を担当することとなった。私のその一冊が『郷土生活の研究法』と『民間伝承論』を収録した二八巻であった。

二　『北小浦民俗誌』の意義と評価

同じタイトルで、福田アジオ編『柳田国男の世界―北小浦民俗誌を読む―』（吉川弘文館、二〇〇一年）。一九九三年に新潟大学人文学部に民俗学のポストが設けられ、同時に大学院に独立研究科博士課程として現代社会文化研究科（現社研）が開設され、その担当者として赴任した。その現社研に入ってきた諸君と共同研究として行ったのが柳田国男の『北小浦民俗誌』の検討であった。一度も現地を訪れずに執筆した『北小浦民俗誌』の根拠となったとされる倉田一郎の『採集手帖』はじめ、参照したであろう各種文献を渉猟して、出典・根拠を明らかにした。池田哲夫、岩野邦康、小野博史、陳玲、中野泰の皆さんの見事な共同研究であった。その成果を世に問うにあたって、解説めいた記述をしたのが本稿である。なお、北小浦の現地調査も行い、それは別に『北小浦の民俗―柳田国男の世界を歩く―』（吉川弘文館、二〇〇二年）として刊行した。

三　沖縄と日本―『海上の道』の意義―

原題は「解説」（ちくま文庫版『柳田国男全集』一巻、筑摩書房、一九八九年）。柳田国男は学生時代に滞在した伊良湖岬で椰子（やし）の実が流れ着いているのを発見して感動した原体験が晩年に「海上の道」として結実したという説がしきりに言われるなかで、『海上の道』に収録された論文が一九五〇年代前半に集中していることを重視してその意義を考えると共に、柳田国男の考えが祖霊から穀霊へと大きく変わってきたことを指摘し、長い研究期間で考えが変化していたことに注意した。

四　子供観と子供の民俗学

原題は「民俗学と子ども研究」(『国立歴史民俗博物館研究報告』五四集、国立歴史民俗博物館、一九九三年)。一九八九年から三年間行われた共同研究「日本における子ども史の基礎的研究」(研究代表高橋敏)の研究成果報告書に執筆したものであるが、再録にあたって柳田国男に関係ない部分は削除した。

五　種明かししない柳田国男

原題は「柳田国男の民俗学―研究課題を提供する柳田国男―」(『文学・語学』二〇七号、全国大学国語国文学会、二〇一三年)。二〇一三年六月に成城大学で開催された全国大学国語国文学会夏季大会シンポジウム「柳田国男と国語国文学―没後五〇年を超えて―」の基調講演での報告原稿である。柳田国男の独創と考えられている事項がそうではなく、先行する研究や主張があり、それらから学んでいるにも拘わらず、その種明かしをしなかったことを指摘した。

Ⅳ　日本民俗学の特色と今後の方向

同一題目で『山陰民俗研究』二四号(山陰民俗学会、二〇一九年)に掲載された。二〇一八年八月に島根県松江市で開かれた山陰民俗学会大会における講演記録である。ただし、3の「民俗学発展の時期区分」は「日本の民俗学と伊那民俗学研究所」(『伊那民俗研究』二八号・伊那民俗学研究所創立三〇周年記念特集号、柳田国男記念伊那民俗学研究所、二〇二一年)から取りだし、挿入した。この二つの論文では、柳田国男から離陸して、新しい段階に入るべきことを提案し、その方向性を示そうとした。

当然のことながら、本書は柳田国男の文章を多く引用している。その原文は相変わらず区々である。出典は『定本柳田国男集』、ちくま文庫版『柳田国男全集』、『柳田国男全集』(いずれも筑摩書房刊)であるが、加えて初版本からの引用も目立つ。完結しつつある『柳田国男全集』に統一すべきだと思い、作業を少し進めたが、予想外に困難を極め、結局断念した。戸惑いを感じられることと思うが、お許しいただきたい。今回も、本文、引用文ともに常用漢字を用いた。柳田國男はじめとする固有名詞も常用漢字で記載している。違和感を覚える読者も少なくないと思うが、読書便宜のための措置とご了解頂きたい。なお、読みが難しい漢字にはルビを付けた。本文だけでなく、引用文にも付けている。それは原典に付されているとは限らない。読者の便宜を図って今回付したものも少なくない。

本書の刊行も、今までと同じように吉川弘文館の皆さんに大変お世話になった。特に、編集部の岡庭由佳さんの緻密な原稿チェックを経ての適切な割付、そして行き届いた校正によって整った見事な一冊となった。深く感謝したい。

二〇二三年四月

福田アジオ

日本民俗学概論

福田アジオ・宮田　登編

A5判・三〇八頁

二四〇〇円

日本民俗学の全体像を意欲的な構成で示した本格的な概説書。旧来の固定的な構成や枠組にとらわれず、民俗の世界を総体として把握できるように再編成した。民俗学への理解を深めようとする人々への格好の入門書。

新版 民俗調査ハンドブック

上野和男・高桑守史・福田アジオ・宮田　登編

四六判・三四四頁

一九〇〇円

民俗調査なくして民俗学なし。民俗学の研究を志す人はまず民俗調査に習熟しなければならない。近年の著しい進展とフィールドの急激な変化に対応して、旧版を全面改稿して内容を充実させた新版。

（価格は税別）

著者略歴
一九四一年、三重県に生まれる
一九七一年、東京教育大学大学院文学研究科日本史学専攻修士課程修了
現在、国立歴史民俗博物館名誉教授

〔主要著書〕
『番と衆―日本社会の東と西―』（吉川弘文館、一九九七年）
『歴史探索の手法―岩船地蔵を追って―』（筑摩書房、二〇〇六年）
『日本民俗学の開拓者たち』（山川出版社、二〇〇九年）
『現代日本の民俗学―ポスト柳田の五〇年―』（吉川弘文館、二〇一四年）
『歴史と日本民俗学―課題と方法―』（吉川弘文館、二〇一六年）

種明かししない柳田国男
日本民俗学のために

二〇二三年（令和五）八月一日　第一刷発行

著　者　福田（ふくた）アジオ
発行者　吉　川　道　郎
発行所　株式会社　吉川弘文館
郵便番号一一三―〇〇三三
東京都文京区本郷七丁目二番八号
電話〇三―三八一三―九一五一〈代表〉
振替口座〇〇一〇〇―五―二四四番
http://www.yoshikawa-k.co.jp/
印刷＝藤原印刷株式会社
製本＝誠製本株式会社
装幀＝河村　誠

ISBN978-4-642-08207-5

索　　引

事　　項

1　本文で触れた『著書』「論文」の題名を中心に採録し，五十音順に配列した。
2　タイトルのみでは判断が難しい語には執筆者名その他の注記を施した。
3　日本の地名については，現在の行政地名を補った。
4　同じ事項が別の言葉で表記されている場合は頁数の後に→でその項目を示した。

あ　行

か　行

さ 行

た　行

な　行

は　行

ま　行

や　行

ら　行

わ　行

人　　名

1　本文中に記載した人名を採録したが，論文収録書の編者，また書名・論文のタイトルや組織・制度に含まれる人名は採録していない。
2　配列は，姓名の五十音順にし，本文中では名前が最初に記してあるものも，姓，名の順に記載した。
3　本文中では姓のみ記載されている場合は，名前等を補った。
4　頻出する柳田国男は採録していない。

あ　行

か　行

さ　行

た　行

な　行

は　行

ま　行

や　行

わ　行